Luis Alonso Schökel

Steh auf, meine Freundin, meine Schöne, und komm!

Luis Alonso Schökel

„Steh auf, meine Freundin, meine Schöne, und komm!"

Gedanken zum Hohenlied

VERLAG NEUE STADT
MÜNCHEN · ZÜRICH · WIEN

Ein Buch aus der Reihe *Saatkörner*

Titel der spanischen Originalausgabe:
El Cantar de los Cantares

Deutsche Übertragung: Dr. Franz Sedlmeier

Die Deutsche Bibliothek – CIP-Einheitsaufnahme

Alonso Schökel, Luis:

„Steh auf, meine Freundin, meine Schöne und komm!" :
Gedanken zum Hohenlied / Luis Alonso Schökel.
[Dt. Übertr.: Franz Sedlmeier].
– 1. Aufl. –
München ; Zürich ; Wien : Verl. Neue Stadt, 1991
(Reihe „Saatkörner")
Einheitssacht.: El cantar de los cantares ⟨dt.⟩
Einheitssacht. des kommentierten Werkes:
Canticum canticorum ⟨dt.⟩
ISBN 3-87996-261-8
NE: Das Hohelied; EST des kommentierten Werkes

1991, 1. Auflage

Umschlagabbildung: Fra Angelico, Noli me tangere
(Detail)
Gesamtherstellung: MZ-Verlagsdruckerei GmbH, Memmingen
ISBN 3-87996-261-8

VORWORT

Das Hohelied ist ein einzigartiges, wundervolles Buch. Doch der hebräische Originaltext bereitet einige Schwierigkeiten. Zwar sind die meisten Verse verständlich, aber es finden sich eine Reihe seltener Wörter, die uns sonst nicht begegnen, verkürzte Ausdrucksweisen und ungewohnte Anspielungen; Punktierungen, Worttrennungen und Überschriften sind zu ergänzen. Jeder Übersetzer muß immer wieder Hypothesen aufstellen und sich für eine der vielen möglichen Lesarten und Interpretationen entscheiden. Mit dichterischem Gespür, mit Erfahrung, Analysen und einer gewissen Portion Glück kann es ihm gelingen, plausible Zäsuren zu setzen und passende Überschriften zu den Abschnitten zu finden.

Der Kommentar dient der Erläuterung und Rechtfertigung der vorgeschlagenen Übersetzung. Vielleicht liegt gerade darin der Vorteil der Kürze dieses biblischen Buches: Wie die Liebe jedes Paares einzigartig ist und sich von der Liebe aller anderen unterscheidet, so steht das Hohelied in seiner Einzigkeit vielfältigen Deutungen offen.

Die Übersetzung des Hohenlieds hält sich – mit einer gewissen dichterischen Freiheit – eng an das hebräische Original. Die Übertragung ins Deutsche durch Franz Sedlmeier versucht dem Rechnung zu tragen.

Der Kommentar bietet keine Auslegung Vers für Vers, denn er verfolgt keine didaktischen Absichten. Vielmehr behandelt er in einer Art Gesamtschau wesentliche Themen des Buches.

Nach der Lektüre des Kommentars empfiehlt es sich, zum Text selbst zurückzukehren und ihn wieder und wieder zu lesen.

Die Abbildungen entstammen einer *Historia et prophetia vitae Beatae Mariae Virginis ex Canticu Canticorum*. Es handelt sich um 32 Holzschnitte auf 16 Seiten, die wahrscheinlich in einem flämischen Kloster zwischen 1465 und 1470 geschaffen wurden. Der Stil ist spätgotisch. Figuren und Landschaften sind idealisiert, die Gesten sorgsam abgewogen, Details werden liebevoll herausgearbeitet, die Kleidung ist reich ausgeschmückt. Die Komposition wird meist von einer zweigliedrigen, asymmetrischen und ausgewogenen Verteilung bestimmt. Nur in einigen wenigen Fällen zeigen die Szenen ein wenig Bewegung. Die Ausführung ist sorgfältig, die Darstellung der Gesichter nicht ganz so glücklich.

Der Künstler verbindet in aller Freiheit verschiedene Verse des biblischen Buches und zeichnet daraus in seiner Phantasie Szenen einer eher mystischen denn realistischen Vita der Jungfrau Maria. Es handelt sich also um eine allegorische, eher traditionelle Auslegung des biblischen Textes, wie etwa der Vergleich mit dem großen Hohelied-Kommentar des Martín del Río aus dem 17. Jahrhundert bestätigt.

Die Rolle des Bräutigams aus dem Hohenlied übernimmt Christus, und Maria ist die Braut. Der Bräutigam wird bisweilen von Engeln begleitet, die Braut ist von ihren Mädchen umgeben, während andere Personen im Hintergrund einige Szenen verlebendigen.

Ich habe zwölf Holzschnitte ausgewählt, die mir besonders schön oder bedeutungsvoll erscheinen. Die lateinischen Bildunterschriften entstammen der Vulgata, die deutsche Übersetzung ist angefügt.

Auf Rat des Kunsthistorikers Heinrich Pfeiffer habe ich mich wegen ihres einzigartigen Stils für diese Illustrationen entschieden. Sie sind ein wertvolles, wenig bekanntes Zeugnis einer bestimmten Auslegungstradition. Von dem Buch sind nur ganz wenige Exemplare erhalten: Das hier verwendete Original befindet sich in der National-Bibliothek in Paris und wurde von den *Editions de Minuit* veröffentlicht (*Les chefs-d'oeuvre de la xilographie*, Première série, Recueil général des incunables xilographiques, F. Bouvet). Ich danke dem Herausgeber für die Erlaubnis, die Illustrationen abdrucken zu können.

DAS HOHELIED

Lobpreis der Liebe

Sie:
Mit seines Mundes Küssen bedecke er mich!
Deine Liebkosungen machen trunkener als Wein,
doch berauschender ist dein Duft.
Dein Ruf ist ein Aroma, das sich verströmt;
darum verlieben sich junge Frauen in dich.
Nimm mich mit zu dir! Laß uns eilen!
Mein König führe mich in sein Gemach.
Wir wollen dich feiern, deiner uns freuen,
preisen deine Liebe, die besser ist als Wein.
Zu recht verlieben sich junge Frauen in dich.
(1,2-4)

Weingarten und Hirte

Sie:
Braun bin ich und hübsch,
ihr jungen Frauen von Jerusalem,
wie die Zelte der Beduinen,
wie die Decken des Königs Salomo.
Wundert euch nicht, daß ich so gebräunt bin,
denn gar lange hat die Sonne auf mich geschaut.
Meine Brüder waren erzürnt über mich,
sie ließen mich Weinberge hüten;
so konnte ich mich um meinen eigenen Weinberg
nicht mehr kümmern.

Sage mir, mein Geliebter:
Wo weidest du,
wo läßt du deine Herde ruhn zur Mittagszeit?
Denn wozu soll ich mich verschleiern
und umherirren bei den Herden deiner Gefährten?

Er:
Wenn du es wirklich nicht weißt,
Schönste unter den Frauen,
folge den Spuren der Herden
und laß deine Zicklein weiden
bei den Schafhürden der Hirten.
(1,5-8)

Indica mihi, quem diligit anima mea,
ubi pascas, ubi cubes in meridie, et ego . . .

Si ignoras te, o pulchra inter mulieres,
gradere post vestigia gregum (1, 7-8).

Du, den meine Seele liebt, sag mir:
Wo weidest du die Herde? Wo lagerst du am Mittag?
Und ich . . .

Wenn du das nicht weißt, du schönste der Frauen,
dann folge den Spuren der Schafe.

Meine Blüten verströmten ihren Duft

Er:
Wie eine junge Stute am Wagen des Pharao,
so erscheinst du mir, meine Freundin.
Schön sind deine Wangen zwischen den Kettchen,
schön ist dein Hals, geziert mit Geschmeide.
Goldene Kettchen fertigen wir noch für dich,
belegt mit silbernen Perlen.

Sie:
Solange der König auf seinem Diwan lag,
verströmte meine Narde ihren Duft.
Wie ein Beutel Myrrhe ist mein Geliebter,
er ruht an meiner Brust.
Wie eine Hennablüte ist mein Geliebter
aus den Weinbergen von En-Gedi.

Er:
Wie schön du bist, meine Freundin,
wie schön du bist
mit deinen Täubchenaugen!

Sie:
Wie schön du bist, mein Geliebter,
und wie lieblich!
Frisches Grün ist unser Lager.
Zedern sind die Wände unseres Hauses,
und unser Dach bilden Zypressen.
(1,9-17)

Zeichen der Liebe

Sie:
Wie eine Narzisse von Scharon bin ich,
eine Lilie der Täler.

Er:
Wie eine Lilie unter den Disteln,
so ist meine Geliebte unter den jungen Frauen.

Sie:
Wie ein Apfelbaum im Wald,
so ist mein Geliebter unter seinen Gefährten.
In seinen Schatten möcht' ich mich setzen
und seine süßen Früchte verkosten.

Er führt mich in den Weinkeller,
entfaltet wie ein Banner seine Liebe über mir.
Erfrischt mich mit Traubenkuchen,
stärkt mich mit Äpfeln:
Ich bin krank vor Liebe.
Seine Linke ruht unter meinem Haupt,
mit seiner Rechten umfängt er mich.

Er:
Ich beschwöre euch,
junge Frauen von Jerusalem,
bei den Sternbildern des Himmels
und bei den Hinden der Flur:
Weckt nicht,
stört nicht auf meine Liebe,
bis es ihr selbst gefällt.
(2, 1-7)

Frühling

Sie:
Ich höre meinen Geliebten.
Siehe da, er kommt.
Er springt über die Berge,
hüpft über die Hügel.
Mein Geliebter ist wie eine Gazelle,
er gleicht dem jungen Hirsch.
Siehe da, er hält an,
steht hinter der Wand,
er schaut durch das Fenster,
äugt durch das Gitter.
Mein Geliebter hebt an zu singen,
er spricht zu mir:

Er:
Steh auf, meine Freundin,
meine Schöne, komm.
Vorbei ist der Winter,
verrauscht ist der Regen.
Die Blumen auf den Wiesen öffnen sich,
der Frühling ist eingezogen;
auf den Feldern vernimmt man
das Gurren der Turteltauben.
Der Feigenbaum treibt die ersten Früchte,
die Reben blühen und duften.

Steh auf und komm, meine Freundin,
meine Schöne, komm.
Du, meine Taube, verbirgst dich
in den schmalen Spalten der Felsen
und in den scharfen Klippen der Bergwand.
Laß mich deine Gestalt schauen,
laß deine Stimme mich hören,
denn deine Stimme klingt wohl,
und schön ist deine Gestalt.
(2,8-14)

Die Füchse

Beide:
Fangt uns die Füchse,
die kleinen Füchse,
die unsere Weinberge verwüsten,
unsere blühenden Weinberge.

Sie:
Mein Geliebter ist mein,
und ich bin sein,
ich gehöre ihm, der meine Liebe ist,
dem Lilienhirten.

Wenn der Tag abkühlt
und die Schatten dahinfliehen,
beeile dich, mein Lieber, laufe,
wie eine Gazelle,
wie ein Junghirsch springe
über die Balsamberge.
(2,15-17)

Quam pulchri sunt gressus tui in calceamentis,
filia principis (7,2).
Vadam ad montem myrrhae, ad collem thuris (4,6).

Wie schön sind deine Schritte in den Sandalen,
du Edelgeborene.
Zum Myrrhenberg will ich gehen,
zum Weihrauchhügel.

Suche und Begegnung

Sie:
Des Nachts, schlaflos auf meinem Lager, suchte ich
die Liebe meines Lebens.
Ich suchte ihn, und ich fand ihn nicht.

Aufstehen will ich,
die Stadt durchstreifen,
um auf den Plätzen und Straßen zu suchen;
die Liebe meines Lebens will ich finden.
Ich suchte ihn, und ich fand ihn nicht.

Die Wächter begegneten mir
bei ihrer Runde durch die Stadt:
Habt ihr die Liebe meines Lebens gesehen?

Ich gehe weiter,
bin kaum an ihnen vorüber, ...
da finde ich ihn, die Liebe meines Lebens.
Ich umfange ihn,
will ihn nicht mehr lassen,
bis ich ihn gebracht in das Haus meiner Mutter,
in die Kammer derer, die mich geboren hat.

Er:
Ich beschwöre euch,
junge Frauen von Jerusalem,
bei den Sternbildern des Himmels
und bei den Hinden der Flur:
Weckt nicht,
stört nicht auf meine Liebe,
bis es ihr selbst gefällt.
(3, 1-5)

Hochzeitszug

Chor:
Was zieht da herauf
aus der Wüste, wie Säulen von Rauch,
umwölkt von Myrrhe und Weihrauch,
von allen Wohlgerüchen der Händler?

Herold:
Es nähert sich die Sänfte des Königs,
des Königs Salomo.
Sechzig Soldaten geben ihm Geleit,
die Tapfersten Israels.
Schwertbewaffnete,
geübt in tausend Schlachten;
alle mit dem Schwert an der Seite,
auf der Hut,
denn in der Nacht lauert Hinterhalt.

Chor:
Eine Sänfte ließ sich
König Salomo zimmern,
aus Zedernholz.
Aus Silber sind die Pfosten,
aus Gold die Lehne,
der Sitz aus Purpur,
und in der Mitte, eingearbeitet: „Liebe".

Herold:
Junge Frauen von Jerusalem,
kommt heraus auf die Straßen,
kommt herbei, ihr jungen Frauen von Zion,
bewundert den König Salomo
und seine glänzende Krone:
Seine Mutter, die Königin, hat ihn gekrönt
am Tag seiner Hochzeit,
am Tag seiner Herzensfreude.
(3,6-11)

So ist meine Geliebte

Er:
Wie schön du bist, meine Freundin,
wie schön du bist
mit deinen Täubchenaugen.
Sie leuchten hinter dem Schleier.

Deine Haare sind wie eine Herde von Ziegen,
die hüpfend von Gileads Bergen herabziehen.

Die Zähne wie eine Herde
von frisch geschorenen Schafen,
die aus der Schwemme steigen,
alle im Paar, keines fehlt.

Ein scharlachrotes Band sind deine Lippen,
sie sprechen zärtlich.

Eine Granatapfelscheibe ist deine Wange,
die hinter dem Schleier errötet.

Wie der Turm Davids dein Hals,
ein vollendeter Bau:
tausend Schilde hängen daran,
wie die Waffen von Helden.

Deine Brüste sind zwei Kitzen,
Zwillinge einer Gazelle,
die in den Lilien weiden.

Wenn der Tag abkühlt
und die Schatten dahinfliehen,
will ich auf den Myrrhenberg gehen,
auf den Weihrauchhügel.

Ganz schön bist du,
meine Freundin, ganz schön,
an dir ist kein Makel.
(4, 1-7)

Komm!

Er:
Komm vom Libanon, meine Braut,
beeile dich, vom Libanon komm.
Steige herab vom Gipfel des Amana,
von den Höhen des Senir und Hermon,
von den Höhlen der Löwen,
den Bergen, wo Panther hausen.

Um den Verstand hast du mich gebracht,
meine Schwester, meine Braut,
um den Verstand hast du mich gebracht
mit einem einzigen deiner Blicke,
mit einer einzigen Perle deiner Halskette.

Wie süß sind deine Liebkosungen,
meine Schwester, meine Braut,
sie machen trunkener als Wein;
dein Duft geht über jeden Balsam.

Triefende Honigwaben sind deine Lippen,
und deine Zunge verbirgt
Süße von Honig und Milch.
Deine Kleider duften Frische,
duften gleich dem Libanon.
(4,8-11)

Favus distillans labia tua,
mel et lac sub lingua tua;
odor vestimentorum tuorum . . . (4, 11).

Comedi favum cum melle meo,
bibi vinum meum cum lacte meo . . . (5, 1).

Von deinen Lippen tropft Honig;
Milch und Honig ist unter deiner Zunge.
Der Duft deiner Kleider . . .

Ich esse meine Wabe samt dem Honig,
trinke meinen Wein und die Milch.

Garten

Er:
Verschlossener Garten bist du,
meine Schwester, meine Braut,
verschlossener Born,
noch versiegelte Quelle.
Ein Garten aus Granatbäumen,
mit erlesenen Früchten.
Es riecht nach Hennadolden und Nardenblüten,
Narde und Safran,
Gewürzrohr und Zimt.
Hier duften Weihrauch,
Aloe und Myrrhe
und allerbester Balsam.
Ein Brunnen lebendigen Wassers
ist die Quelle des Gartens,
genährt von den Wassern des Libanon.

Sie:
Wach auf, Nordwind,
und du, Südwind, komm,
durchwehe meinen Garten
und verströme die Düfte:
Mein Geliebter kommt in seinen Garten,
seine köstlichen Früchte zu genießen.

Er:

Ich bin ich meinen Garten gekommen,
meine Schwester, meine Braut,
um meine Myrrhe zu pflücken
und meinen Balsam einzuatmen,
um den Honig aus meinen Waben zu kosten
und meinen Wein mit meiner Milch.
Auch ihr, meine Gefährten, kostet davon:
Trinkt und berauscht euch an der Liebe.
(4, 12-5, 1)

Bei Nacht

Quae est ista quae ascendit de deserto
deliciis enixa supra dilectum suum? (8,5).

Ista est speciosa inter filias Jherusalem;
viderunt eam filiae Syon (2,13 + 3,5; 6,8 + 3,11).

Wer ist sie,
die aus der Steppe heraufsteigt,
auf ihren Geliebten gestützt?

Sie ist die Schönste unter den Töchtern Jerusalems;
sie wird bewundert von den Töchtern Sions.

1. Suche

Sie:
Ich schlief, doch mein Herz war wach.
Was höre ich? Mein Geliebter klopft an:

Er:
Öffne mir, meine Schwester, meine Freundin,
meine Taube, mein strahlender Glanz.
Denn mein Haupt ist voll Tau,
aus meinen Locken tropft die Nacht.

Sie:
Ich habe mein Kleid schon abgelegt,
ich müßte es wieder anziehen.
Die Füße habe ich schon gewaschen,
ich würde sie beschmutzen.

Mein Geliebter streckt die Hand aus,
sie erreicht die Öffnung.
Mir pocht das Blut in den Schläfen,
mir schwinden die Sinne.
Ich stehe auf, laufe los,
will meinem Geliebten öffnen,
meine Hände tropfen von Myrrhe,
und die Myrrhe an meinen Fingern rinnt
über die Griffe des Riegels.

Ich öffne meinem Geliebten:
doch mein Geliebter ist verschwunden,
der Geliebte ist nicht mehr da:
Mir war, als müsse ich sterben.
Ich habe ihn gesucht, aber nicht gefunden.
Ich habe nach ihm gerufen,
aber keine Antwort erhalten.
Ich begegnete den Wächtern
bei ihrer Runde durch die Stadt.
Sie schlugen mich, verwundeten mich.
Den Schleier rissen sie mir weg,
die Wächter der Mauern.

Ich beschwöre euch, junge Frauen von Jerusalem,
wenn ihr meinen Geliebten findet, sagt ihm,
daß ich vergehe in Liebe zu ihm.
(5, 2-8)

2. So ist mein Geliebter

Andere:
Was ist denn so überaus liebenswert
an deinem Geliebten,
du Schönste der Frauen?
Was ist denn so überaus liebenswert
an deinem Geliebten,
daß du uns so sehr beschwörst?

Sie:
Mein Geliebter ist weiß und rot im Gesicht,
ist ausgezeichnet vor Tausenden.
Sein Haupt ist reines Gold,
seine Locken sind Dattelrispen,
wie Rabengefieder, so schwarz sind sie.
Seine Augen sind wie Tauben,
die sich im Wasser spiegeln,
in Milch gebadet,
am Bache sitzend.
Seine Wangen sind Balsambeete,
blühende Hecken mit wohlriechenden Düften.
Seine Lippen sind Lilien,
sie tropfen von Myrrhe.
Seine Arme sind in Gold geformt,
mit Tarschischsteinen besetzt.
Seine Brust ist aus Elfenbein,

Saphire funkeln darauf.
Seine Beine sind Marmorsäulen,
auf Sockeln von Feingold.
Seine Gestalt gleicht dem Libanon,
ist auserlesen wie seine Zedern.
Sein Gaumen ist voller Süße,
alles an ihm ist Wonne.
Dies ist mein Geliebter,
junge Frauen von Jerusalem,
ja, dies ist mein Geliebter.
(5,9-16)

3. Begegnung

Andere:
Wohin ist dein Liebster gegangen,
du Schönste unter den Frauen?
Wohin ist dein Liebster gegangen?
Wir wollen ihn mit dir suchen.

Sie:
In seinen Garten stieg mein Liebster hinab,
zu den Balsambeeten,
um in den Gärten die Herde zu weiden,
er ist hinabgestiegen, die Rosen zu pflücken.

Ich bin meinem Geliebten eigen,
und er ist mein eigen,
er, der Lilienhirte.
(6, 1-3)

Quae habitas in ortis, amici auscultant;
fac me audire vocem tuam (8, 13).

Omnia nova et vetera servavi tibi, dilecte mi (7, 14).

Die du in den Gärten weilst,
auf deine Stimme lauschen die Freunde – laß sie mich hören.

Frische Früchte und solche vom Vorjahr;
für dich hab' ich sie aufgehoben, Geliebter.

Sie – einzig und allein

Er:
Schön bist du, meine Freundin,
du bist wie Tirza,
lieblich wie Jerusalem,
aufregend wie ein Sternbild.
Wende deine Augen von mir,
denn sie verwirren mich.
Deine Haare sind eine Herde von Ziegen,
die hüpfend von Gilead herabziehn,
deine Zähne wie eine Herde von Schafen,
die aus der Schwemme steigen,
alle im Paar, keines fehlt.
Eine Granatapfelscheibe ist deine Wange,
die hinter dem Schleier errötet.

Sechzig an Zahl sind die Königinnen,
achtzig die Nebenfrauen,
zahllos die jungen Damen.
Sie aber, meine makellose Taube,
ist einzig, sie allein,
die Einzige ihrer Mutter, sie allein.
Erblicken sie die jungen Frauen,
wird sie gepriesen,
Königinnen und Nebenfrauen rühmen sie:

Wer ist sie, die da erscheint wie die Morgenröte,
schön wie der Mond, strahlend rein wie die Sonne,
aufregend wie ein Sternbild?

Sie:
In den Nußgarten stieg ich hinab,
um nach den Blüten des Tales zu schauen,
um zu sehen, ob der Weinstock schon treibt,
ob der Granatbaum in Blüte steht.
Doch ich habe mich verirrt:
Meine Sehnsucht zieht mich fort
wie auf einer Fürstensänfte.
(6,4-12)

Tanz

Chor:
Dreh dich, Schulammit, dreh dich herum,
dreh, ja dreh dich, wir woll'n dich bewundern.

Sie:
Was bewundert ihr denn an Schulammit
beim Reigentanz in Doppelreihen?

Chor:
Deine tänzelnden Füße, Prinzessin,
sind so schön in den Sandalen.
Die Form deiner kostbaren Hüften
ist wie Geschmeide, von Künstlerhand gefertigt.
Dein Nabel ist wie eine runde Schale,
immer gefüllt mit berauschendem Wein,
und dein Leib mit reifem Korn,
umgeben von Lilien.
Dein Brüste sind zwei Kitzen,
Zwillinge einer Gazelle,
dein Hals ein Elfenbeinturm.
Deine Augen sind wie die Teiche zu Heschbon,
reines Wasser an den Toren von Bat-Rabbim.
Deine Nase ist wie der Libanonturm,
der gegen Damaskus schaut.

Dein Haupt gleicht dem Karmel,
wie von Purpur sind deine Haare:
Ein König liegt gefangen in deinen Locken.
(7,1-6)

Begegnung

Er:
Wie bist du schön, wie reizend,
meine Liebe, Ort der Wonne.
Deine Figur gleicht einer Palme,
deine Brüste sind die Trauben:
Die Palme will ich ersteigen,
um ihre Früchte zu pflücken.
Trauben am Weinstock seien mir deine Brüste,
Apfelduft sei der Duft deines Atems.
Dein Mund birgt köstlichen Wein,
der lieblich in mich eingeht
und Lippen und Zähne süßt.

Sie:
Ich gehöre meinem Geliebten,
und nach mir steht sein Verlangen.

Komm, mein Geliebter,
gehen wir hinaus in die Flur,
schlafen wir in den Dörfern.
Früh am Morgen laß uns in die Weinberge gehen,
um zu sehen, ob der Weinstock schon treibt,
ob die Blüten sich öffnen,
ob die Granatbäume in Blüte stehen.

Dort, Geliebter,
werde ich dir meine Liebe schenken.

Die Liebesäpfel duften.
An unseren Türen warten köstliche Früchte:
frische und solche vom Vorjahr;
für dich hab' ich sie aufgehoben, mein Liebster.
(7,7-14)

Umarmung

Sie:
Ach, wärest du doch mein Bruder,
genährt an der Brust meiner Mutter!
Träfe ich dich unterwegs, könnte ich dich küssen,
ohne daß es mir jemand übelnähme.
An der Hand faßte ich dich,
brächte dich in das Haus meiner Mutter.
Würzwein gäbe ich dir zu trinken,
süßen Granatapfelwein.

Seine Linke ruht unter meinem Haupt,
und mit der Rechten umfängt er mich.

Er:
Ich beschwöre euch,
junge Frauen von Jerusalem,
weckt nicht,
stört nicht auf meine Liebe,
ehe es ihr selbst gefällt.
(8, 1-4)

Tota pulchra es, amica mea,
et macula non est in te (4, 7).

Tenui eum nec dimittam
donec
introducam in domum matris meae,
in cubiculum genitricis meae (3, 4).

Alles an dir ist schön, meine Freundin;
kein Makel haftet dir an.

Ich packte ihn, ließ ihn nicht mehr los,
bis ich ihn ins Haus meiner Mutter brachte,
in die Kammer derer, die mich geboren hat.

Erwachen

Chor:
Wer ist sie,
die aus der Wüste heraufsteigt,
auf ihren Geliebten gestützt?

Er:
Unter dem Apfelbaum hab` ich dich geweckt,
dort, wo deine Mutter dich empfing,
wo deine Gebärerin in Wehen lag.
(8,5)

Liebe und Tod

Beide:
Lege mich wie ein Siegel auf dein Herz,
wie ein Siegel an deine Hand,
denn stark wie der Tod ist die Liebe,
hartnäckig wie der ewige Abgrund die Leidenschaft.
Ihre Gluten sind von Feuer,
göttlich ist ihre Flamme.

Der Ozean kann die Liebe nicht löschen,
Ströme schwemmen sie nicht fort.
Böte einer für die Liebe
den ganzen Reichtum seines Hauses,
nur verlachen würde man ihn.
(8,6-7)

Friedensangebote

Andere:
Wir haben eine Schwester,
eine kleine Schwester:
Sie hat noch keine Brüste.
Was tun wir mit unserer Schwester,
wenn jemand um sie wirbt?

Wäre sie eine Mauer,
bauten wir eine Mauerkrone um sie,
ganz aus Silber;
wäre sie ein Tor,
mit Zedernbalken verrammelten wir es.

Sie:
Ich bin eine Mauer,
und meine Brüste sind Türme.
Doch bei seinem Anblick
komme ich, Frieden anzubieten.
(8,8-10)

Mein Weinberg

Er:

Salomo besaß einen Weinberg
in Baal-Hamon;
ihn vertraute er den Hütern an:
Ein jeder gäbe für seine Früchte
tausend Silberstücke.

Meinen eigenen Weinberg aber
behalte ich für mich:
Die tausend Silberstücke für dich, Salomo,
und noch zweihundert für die,
die seine Früchte hüten.
(8,11-12)

Abschied

Er:
Prinzessin der Gärten,
meine Freunde lauschen auf deine Stimme,
laß mich dich hören.

Sie:
Lauf, mein Liebster,
werde eine Gazelle,
wie ein Junghirsch springe
über die Balsamberge.
(8,13-14)

KOMMENTAR

Der Weg des Mannes

„Drei Dinge sind mir unbegreiflich,
vier vermag ich nicht zu fassen:
den Weg des Adlers am Himmel,
den Weg der Schlange über dem Felsen,
den Weg des Schiffes auf hoher See,
den Weg des Mannes bei der jungen Frau."
(Spr 30, 18 f)

In diesem Zahlenspruch bringt ein unbekannter Autor sein Staunen zum Ausdruck über die unfaßbare Liebe zwischen Mann und Frau. Drei Elemente: Luft, Land, Wasser; drei verschiedene Subjekte: Adler, Schlange, Schiff. Und nach diesen drei: einfach ein Mann und eine Frau.

Will das sagen, daß die Frau leicht ist wie die Luft, hart wie der Fels, nachgiebig wie das Wasser? Heißt das, daß der Mann in der Liebesbeziehung fliegt, daß er kriecht, daß er sich gleichsam auf hoher See befindet? Deutlich wird dies: Die Liebe ist ein Weg, nicht so sehr ein Zustand oder eine Befindlichkeit. Anstelle von „Weg" könnten wir auch übersetzen: Richtung, Kurs. Die Flugbahn des Adlers durch die Lüfte, die Spur der Schlange auf dem Felsen, der Kurs des Schiffes im Meer. Die Genesis bezeichnet Wesen und Bestimmung der Frau in der dichterischen Beschreibung ihrer Erschaffung als „Hilfe", die dem Mann „entspricht" und „ihm gegenübersteht" (vgl. Gen 2, 18).

Die Verse des Sprichwortes sprechen vom Weg der Liebe. Ein Weg will beschritten werden. Der Adler, die Schlange und das Schiff bahnen sich ihren Weg, ohne Wege zu bauen. Vielleicht muß auch der Weg der Liebe immer neu aufgetan werden; denn die wahre Liebe findet sich nicht ab mit der Routine schon beschrittener Pfade. Jedes Liebespaar muß den Weg von neuem gehen, und zwar auf seine Weise, und jede Wegstrecke ist anders als die vorausgegangene. Auch die Richtung liegt im Ungewissen: Der Weg der Liebe ist nicht vorhersehbar, er läßt sich nie ganz vorausberechnen. Die Spur wird erst beim Gehen gezogen.

Wer lehrt den Adler das Fliegen? Der Instinkt, antworten wir unwillkürlich. Doch auch die Luft, die trägt, ohne zu belasten, die Widerstand bietet und dennoch weicht, die sich spaltet und dabei verschlingt. Ähnlich der feste, runzelige Fels: Er lehrt die Schlange das Kriechen. So belehrt das Wasser, das keinen Halt bietet, das schwere Schiff. Und auf dem Weg des Mannes und der Frau: Wer belehrt da wen? „Früchte, frische und solche vom Vorjahr; für dich hab' ich sie aufgehoben, Geliebter" (Hld 7,14).

Das Sprichwort zeichnet drei wundervolle Szenen. Ein weiter, klarer Himmel und ein Adler, der ihn mit kraftvollem Flügelschlag oder im Gleitflug durchquert, mit der Gebärde eines Herren, der weiß, daß die Luft ihn trägt. Ein gewaltiger, bergiger Abhang, der in gleißender Sonne Schatten wirft, und eine Schlange, die ihn mit sicherer Gewandtheit hinunterkriecht. Schäumend-weiße Wogen im aufgewühlten Meer und ein Schiff, das der Wind vor sich hertreibt. Doch die vierte Szene ist noch schöner, noch geheimnisvoller als die anderen: ein Mann und eine Frau. Was geschähe, wenn die Luft sich verfestigte, wenn der Felsen sich auflöste und das Wasser geränne? Der Autor der Verse will keine Erklärungen geben. Und er quält sich auch nicht ob seiner Unwissenheit. Er staunt. Er besingt, was nicht zu erklären ist: den Weg des Mannes bei der jungen Frau ... Der Autor des zweiten Kapitels vom Buch Genesis hat es auf seine Weise erklärt: Gott nahm ein Stück von Adam und „formte" daraus die Frau, dann stellte er sie dem Mann vor. Seither suchen einander, die sich gegenseitig ergänzen, und „werden ein Fleisch". Aus dem, was anfangs ein einziges war, sind zwei in einem geworden.

Gibt es eine größere Abhängigkeit als die des Kindes von den Eltern? Das Kind empfängt von ihnen das Leben: Vom Beginn des neuen Lebens über den langsamen Verlauf der Schwangerschaft bis hin zur Entwöhnung. Man spricht vom „leiblichen Sohn", Sohn vom Fleisch des Vaters und der Mutter. Niemand ist den Eltern blutsverwandter als das Kind. Und auch wenn die Nabelschnur durchgeschnitten ist, bleibt ein anderes Band, ein Bündel von Banden, die den Sohn mit den Eltern verbinden. Wir können ihn mit einem Planeten vergleichen, der sich losgelöst hat und nun um seine Sonne kreist. Bis eines Tages ein anderer Himmelskörper in seine Nähe kommt und ihn mit solcher Kraft an sich zieht, daß er aus seinem Familienverbund herausgelöst wird. Er kann nicht anders, als mit ihm ein neues System zu bilden. Die Genesis kleidet es in die Worte: „Darum verläßt der Mann Vater und Mutter und bindet sich an seine Frau, und sie werden ein Fleisch" (Gen 2,24). Wundersamer Weg des Mannes bei der Frau. Es bleibt offen, ob den Autoren der Genesis mehr daran lag, Erklärungen zu geben, oder ob sie vor allem Staunen wecken wollten.

Das Geheimnis des Wassers

Die einleitenden Verse spielten auf das Wasser des Meeres an. In Verbindung mit anderen Erscheinungen prägt das Element des Wassers eine ihm eigene Symbolik der Liebe aus. Insbesondere das Wasser des Brunnens.

Auch der Brunnen hat sein Geheimnis: Er quillt hervor aus den Tiefen der Erde und schenkt Fruchtbarkeit. Die Zisterne muß aufgefüllt werden, erst dann kann man aus ihr schöpfen. Damit ihr Wasser nicht versickert, muß man sie verputzen. Ihr Wasser steht, es kann verderben und ungenießbar werden. Das Wasser des Brunnens hingegen erneuert sich ständig, lebendig und lebenspendend sprudelt es hervor. Sein Gurgeln gleicht einer Erzählung. Es fließt dahin, als wolle es davonlaufen. Es breitet sich aus und tränkt dabei die Erde. Wenn es verdunstet, ist es sogar in der Lage zu fliegen.

Im Alten Testament steht die Frau am Brunnen, und sie ist ein Brunnen. Der Knecht Abrahams (vgl. Gen 24) trifft in der Nähe des Brunnens auf Rebekka. Sie ist gerade dabei, Wasser zu schöpfen. Sie läßt ihn aus ihrem Krug trinken. Dann gießt sie Wasser in die Tränke, um auch die Kamele zu tränken. Sie gibt Wasser, das Leben bedeutet. Bald wird sie für Isaak Brunnen und Quelle eines anderen Lebens sein: des Lebens der Patriarchen.

Jakob hatte gemeint, die einheimischen Hirten über den gemeinsamen Gebrauch eines Brunnens belehren zu können. Zugleich ging er mit dem gemeinsamen Brunnen recht

Ortus conclusus, soror mea, sponsa,
ortus conclusus, fons signatus (4, 12).

Fons ortorum, puteus aquarum viventium,
quae fluunt impetu de Lybano (4, 15).

Surge, aquilo; veni, auster, perfla ortum meum,
et fluant aromata illius (4, 16).

Ein verschlossener Garten ist meine Schwester Braut,
ein verschlossener Garten,
ein versiegter Quell.

Die Quelle des Gartens bist du,
ein Brunnen lebendigen Wassers,
Wasser vom Libanon.

Nordwind, erwache! Südwind, herbei!
Durchweht meinen Garten,
laßt strömen die Balsamdüfte!

eigenmächtig um (vgl. Gen 29). Entschlossen und ohne zu zaudern beansprucht er einen anderen Brunnen des Lebens für sich: Rachel, seine Verwandte. Bevor er sich vorstellt, küßt er die junge Frau in aller Öffentlichkeit, als wolle er die Verbindung damit besiegeln. Mose, der in die Berge des Sinai geflohen ist, stößt an einem Brunnen auf einige Frauen, die Wasser schöpfen. Er verteidigt sie vor den Übergriffen der Hirten. Etwas später heiratet er eine von ihnen, die Tochter des Priesters Jitro (vgl. Ex 2,15-22).

An einem alten Brunnen, den man sehr verehrte, begegnet Jesus der samaritanischen Frau, „die fünf Männer gehabt hatte, und keiner war ihr Mann" (Joh 4). Er bietet ihr lebendiges Wasser an, das in ihr zur Quelle werden soll.

Das Buch der Sprüche gibt dem jungen Mann, der heiraten will, folgende Ratschläge:

„Trink Wasser aus deiner eigenen Zisterne,
trink reichlich aus deinem Brunnen.
Gieße deine großzügig spendende Quelle
nicht auf die Straße.
Die Reichtümer deines Brunnens
breite nicht aus auf öffentlichen Plätzen.
Dir allein sollen sie gehören,
teile sie nicht mit anderen.
Gesegnet sei deine Quelle,
und die Braut deiner Jugendzeit,
die Frau deiner Jugendjahre,
sie sei stets deine Freude."
(Spr 5,15-18, in freier Wiedergabe)

Von der verrufenen Frau kann Jesus Sirach sagen: „Sie tut den Mund auf wie ein durstiger Wanderer und trinkt aus jeder Quelle" (Sir 26,12).

Im Hohenlied wird der Frau ein höfliches Kompliment gemacht, das weit ausholt: „Noch versiegelte Quelle bist du ... Ein Brunnen lebendigen Wassers ist die Quelle des Gartens, genährt von den Wassern des Libanon" (Hld 4, 12.15). Die Patriarchenquelle Jakobs besitzt man gemeinsam, sie wird gerecht aufgeteilt. Ein riesiger Stein, den man nur gemeinsam entfernen kann, garantiert den gemeinsamen Gebrauch und schließt jedes Monopol oder den Mißbrauch aus (Gen 29).

Die andere Quelle hingegen – Rebekka, Rachel und Zippora – läßt sich nicht aufteilen. Die Anspielung auf den Libanon preist die Qualität des Brunnens und seines Wassers. Vom höchsten Berg, den der Israelit kennt, vom Libanon mit seinen schneebedeckten Gipfeln, kommt unmittelbar himmlisches Wasser herab, das rein ist, nicht verschmutzt. Es nährt den versiegelten Brunnen, der den Garten bewässert. Dem Bräutigam kommt es zu, dieses Wasser zu behüten, das auf geheimnisvolle Weise den versiegelten Garten mit den Gipfeln, den Wolken und dem Himmel verbindet. Das Geheimnis des Wassers. Der Weg des Mannes bei der jungen Frau.

Das Geheimnis des Feuers

Es ist auffallend, daß die Schriftsteller des Alten Testaments, die von der Liebe sprechen, nicht auf das Bild des Feuers zurückgreifen. Der Mensch unserer Tage kommt unwillkürlich auf diesen Vergleich, da das Symbol des Feuers so aussagekräftig ist. Man denke nur an das Sonett von Lope de Vega „Die Erfinder aller Dinge". Die beiden letzten Verse lauten:

„Das Silber entdeckte Merkur, Kadmos das Gold,
Liebe das Feuer, und die Eifersucht die Hölle."

Die Liebe entdeckte das Feuer, so Lopez. In einem anderen Sonett heißt es: „Als wäre sie ein Blitz, so verbrannte sie mich."

Um mich nicht in der spanischen Dichtung zu verlieren, beschränke ich mich auf Quevedo. In einem seiner Sonette steht der Vers:

„Liebe ist in meinem Herzen
Feuer und Tyrann."

Und im Sonett „Klagen in Liebesqualen" heißt es (in freier Wiedergabe):

„Brennen ohne schmerzendes Gestöhn
kann er nicht, der harte, unbelebte Stamm;

die Eiche klagt, und – wird sie verbrannt,
so stöhnt die Fichte, die nicht fühlt.
Gestatte du mir, Feuer, was der Fichte
und der Eiche die harte Flamme gestattet:
Es kennt doch auch Erbarmen ein göttlich Feuer."

Obwohl die Bibel um den Schmerz der Abwesenheit weiß, kennt sie keine Beschreibung der Liebesqualen. Das Buch der Sprüche beschäftigt sich vor allem mit der zerstörerischen Macht des Feuers und überträgt diese auf die Folgen einer außerehelichen Liebe:

„Kann man Feuer im Bausch des Gewandes bergen,
ohne daß die Kleider in Brand geraten?
Oder schreitet einer auf Kohlenglut,
ohne sich die Füße zu verbrennen?
So auch, wenn einer zu der Frau seines Nächsten geht:
Keiner bleibt straflos, der sie berührt."
(Spr 6,27-29)

Jesus Sirach sagt über die Wollust: „Leidenschaftliche Begier brennt wie ein Feuer, und sie erlischt nicht, bis sie sich verzehrt hat ... Der Unzüchtige, dem jedes Brot schmeckt, hört nicht auf, bis das Feuer ausgebrannt ist" (23,17). In beiden Texten wird die unzüchtige Liebe mit dem Feuer verglichen.

Um so außergewöhnlicher ist die Aussage gegen Ende des Hohenliedes: „Ihre Gluten sind von Feuer, göttlich ist ihre Flamme" (8,6). Das Feuer der Liebe läßt sich nicht auslöschen, weil es göttliche Flamme ist. Im ganzen Buch wird nur an dieser Stelle auf Gott Bezug genommen.

Schönheit

Schönheit beweist man nicht. Sie ist einfach da, tritt in Erscheinung. Schönheit überzeugt, ohne zu argumentieren. Sie entwaffnet, ohne Waffen zu gebrauchen; sie fesselt ohne Stricke, unterwirft, ohne ein Joch aufzuerlegen.

Die gesamte Schöpfung hat teil an ihr: Bäume, Blumen und Tiere, Berge und Gestirne. Die Aussage im Buch Genesis „und es war gut" bedeutet auch „und es war schön". Die Schönheit kann sich im Mann und in der Frau gleichsam verdichten. Sie lebt in ihnen und vergrößert sich, wenn die Liebe aufkeimt. Denn die Liebe verfeinert die Empfindsamkeit des Liebenden. Sie erschließt Schönheiten, die sonst verborgen bleiben. Sie versteht es, die Schönheit der Gestalt mit der Schönheit des Ausdrucks zu verbinden.

Das gleiche gilt vom Klang. Ungezählte harmonische Klänge durchfluten die Welt. Das Hohelied erwähnt lediglich „das Gurren der Turteltaube", vielleicht stellvertretend für vieles andere. Diese Harmonie der Klänge findet ihren schönsten Ausdruck in der menschlichen Stimme von Braut und Bräutigam. Ein Liebender kann Töne und Schwingungen aufnehmen, deren Schönheit von anderen nicht wahrgenommen wird. Die Liebe verleiht der Stimme und dem, was sie sagt, einen neuen Zauber. „Deine Stimme klingt wohl, . . . laß mich dich hören" (2,14; 8,13). Die Stimme des Verliebten sucht ihren Ausdruck in Poesie und Musik.

Deswegen ist das Hohelied (das man wahrscheinlich sang)

so schön. Dichtung und Musik fürchten die Wiederholung nicht, sondern suchen sie. Denn Schönheit will sich zeigen und ohne jede Eile betrachtet werden.

Konzentrieren bedeutet, etwas in einem Zentrum, in einer Mitte sammeln; zentrieren, etwas, ausgehend von einer Mitte, kreisförmig anordnen. Er und sie zentrieren und konzentrieren die ungezählten Schönheiten des Universums. Für ihn ist sie die Mitte der Welt; für sie ist er diese Mitte. Und alles ordnet sich kreisförmig um ihn und um sie. Alles Schöne ähnelt ihm oder ihr. Die Liebe entdeckt in allem Ähnlichkeiten: Sie macht die Augen der Liebenden rein. Wie sie blind machen kann, kann Liebe auch erleuchten. Sie läßt die geliebte Person in hellem Licht erscheinen. Um die Schönheit zu besingen, kann die Liebe nur Vergleiche anstellen: Meine Geliebte ist wie ... Mein Geliebter ist wie ... Als Vergleichspunkte dienen die Geschöpfe in ihrer Schönheit und Vielfalt, wie Gott sie geschaffen hat, und die Meisterwerke der Menschen.

Das Buch der Sprüche bringt ein ABC der idealen Hausfrau. Der Verfasser spielt den Wert der Schönheit herunter, um die Bedeutung des Haushaltens und des Wirtschaftens hervorzuheben:

„Anmut ist trügerisch, Schönheit vergänglich ...
Ihre Werke preise man in den Toren der Stadt ..."
(Spr 31,30f)

Andere Texte urteilen nicht so, mit Sicherheit nicht das Hohelied. Der schon zitierte Text Spr 5 sagt in Vers 19 kurz und bündig: „Liebliche Hindin, anmutige Gazelle". Im Alten Testament gibt es Frauennamen, die von Tieren und Pflanzen hergeleitet sind: Rachel = Schaf, Debora = Biene, Jail = Steinbock, Zibja = Gazelle, Susanne = Lilie. Auch das Hohelied macht großzügig Gebrauch von Tiervergleichen: Stute, Taube, Rehbock, Hirschkalb, Gazelle, Rabe, Ziege, Schaf.

Es gibt eine Schönheit der Ruhe und eine Schönheit der Bewegung. Diese Anmut tritt besonders beim Tanz in Erscheinung. Es bilden sich zwei Reihen, oder man formt einen Kreis. Die Braut tritt in die Mitte und tanzt. Die Anwesenden bilden einen Chor, sie folgen der Anmut ihres Körpers, von den Sandalen bis zum Kopf (7, 1-7). Am Schluß kann der Geliebte bewundernd feststellen: „Wie bist du schön, wie reizend, meine Liebe, Ort der Wonne!"

Juwelen und Geschmeide können die Schönheit noch hervorheben. Eine Halskette etwa, die aus vielen Metallringen besteht, „tausend Schilde hängen daran, lauter Waffen von Helden" (4, 4). Gehänge und Halsketten, in Silber gefaßtes Gold. Doch mehr als künstliches Geschmeide sind das die wahren Juwelen: „Seine Arme sind in Gold geformt, mit Tarschischsteinen besetzt. Seine Brust ist aus Elfenbein, Saphire funkeln darauf" (5, 14); „Geschmeide, von Künstlerhand gefertigt" (7, 2).

Leuchtend wie Licht

Die Geliebte ist nicht nur schön. Sie leuchtet wie Licht. Die Mädchen und die Hofdamen müssen das zugeben, etwas neidisch vielleicht. Der Geliebte greift dieses Bekenntnis auf, er macht es sich zu eigen und beglückwünscht seine Braut: „Sie erscheint wie die Morgenröte, schön wie der Mond, strahlend rein wie die Sonne" (6, 10). Das ist das Licht, das von ihr ausgeht.

Die schönsten Geschöpfe, die Gott am Anfang schuf, waren Sonne und Mond. So das erste Kapitel des Buches Genesis: die Sonne zur Herrschaft über den Tag, den Mond zur Herrschaft über die Nacht; beide, um die großen Festzeiten anzuzeigen. Dem Mond werden unzählige Sterne beigesellt. Sie bewegen sich nach einer inneren Ordnung auf ihren Bahnen, und das Licht eines jeden fügt sich ein in die Harmonie der Gestirne. Die Geliebte faßt all das in sich zusammen: Sie ist leuchtend wie die Sonne, wie der Mond, wie das Lichtermeer am nächtlichen Himmel.

Zu einem gütigen, aufgeschlossenem, lachenden Antlitz sagt der Hebräer: Es leuchtet. Auch wir sprechen von einem strahlenden Gesicht, als würde es Lichtstrahlen aussenden. Bevor die Sonne aufgeht, schickt sie ihren Boten voraus, die Morgenröte: „Die Geliebte erhebt sich wie die Morgenröte." Wer kann den Augenblick bestimmen, an dem sich die Morgenröte am Horizont ausbreitet? Sie ist wie der Schlaf. Wir spüren ihn nahen, er ergreift immer mehr Besitz von uns, und doch sind wir nicht in der Lage, den genauen Zeitpunkt anzugeben, an dem er uns völlig übermannt. Ganz anders mit unserem Erwachen. Es geschieht plötzlich, von einem Augenblick auf den anderen. Das Erwachen der Morgenröte hingegen läßt sich nicht präzise erfassen. Wir wissen lediglich, daß sie schon da ist. Ein dünner Streifen zunächst, den man nur wahrnimmt, weil er sich vom nächtlichen Himmel unterscheidet. Sie erstreckt sich über den weiten Horizont hin und steht doch nicht still. Sie breitet sich aus, und zugleich wächst auch ihr leuchtender Glanz. So auch die Geliebte: „Sie erscheint wie die Morgenröte." Wer könnte schon genau angeben, zu welchem Zeitpunkt das zierliche Kind zur hübschen, jungen Frau wird? Ihr Erwachen ist wie die Morgendämmerung. Wie eine Morgenröte zwischen zwei Lichtern. Vielleicht hat sie der Geliebte von klein auf gekannt, hat in der Kindheit mit ihr gespielt. Eines Tages entdeckt er, daß mit ihr etwas geschehen ist, weil mit ihm etwas geschieht. Aber nicht plötzlich: „Sie erscheint wie die Morgenröte." Es ist ein Leuchten, das sich ausbreitet, das behutsam zunimmt, bis es sich schließlich behauptet, bis es den ganzen Horizont erobert hat und die Dunkelheit vertreibt, die über allem lag.

Dann ist die Sonne da. Auch im Hebräischen hat die Sonne weibliches, der Mond männliches Geschlecht. Wenn jedoch ein hebräischer Dichter die Sonne personifiziert, stellt er sie als Soldat oder als riesigen Ritter dar, der an einem Tag das gesamte Himmelsgewölbe durcheilen muß, ohne zu rasten, ohne müde zu werden. Sie ist der Bräutigam: Er erhebt sich aus seinem Brautgemach, in dem er die Liebesnacht verbracht hat, nach der griechischen Tradition mit dem Mond. „Wie der Bräutigam aus dem Gemach geht sie hervor, froh wie der Held, der durchläuft seine Bahn: Sie geht hervor am Rande des Himmels, und wieder zum Rande des Himmels eilt sie dahin: Nichts kann sich vor ihren Gluten verbergen" (Ps 19,6-7).

Dem Glanz der Sonne gleich leuchtet die Braut, „strahlend rein wie die Sonne" (6,10). Nach der nur zaghaft emporkommenden Morgenröte setzt sich die Sonne durch mit ihrem kräftigen Licht. Sie ist nun erwachsen und hat die Zeit der Reifung zu Hause beendet. „Der Sonne, aufstrahlend in den Höhen des Herrn, gleicht die Schönheit der guten Frau, die ihr Haus gut führt" (Sir 26,16). Christian von Troyes sagte von Cligés und Fenice, daß sie „in einer Schönheit erstrahlten, die den Palast wie die Morgensonne erleuchtete".

Das Licht der Sonne ist warm. Der hebräische Text bezeichnet die Sonne hier wie auch in anderen Texten als „Glut". Im bereits zitierten Psalm 19 heißt es: „Nichts kann sich vor ihrer Glut verbergen." Das gilt auch vom Licht der Geliebten: Spüren nicht alle, die sie anschauen, eine innere Wärme? Entfacht diese angenehme Wärme nicht eine Glut und einen Brand im Herzen des Verliebten? Die Sonne trägt die Glut in sich und strahlt großzügig ihr eigenes Licht aus. Trotz der Entfernung kann sie die Erde ausbrennen: „Ein Strahl ihres Lichtes verzehrt das bewohnte Land" (Sir 43,4). Sie bräunt die helle Haut (1,6). Sie kann die Augen blenden. Ist es nicht ähnlich mit dem Licht der Geliebten? „Wende deine Augen von mir, denn sie verwirren mich" (6,5). Klar wie die Sonne, gülden, strahlend, tut sich über meiner Lebenswelt ein Himmel auf, der mich umfängt. Sie gibt mir Leben, denn Leben bedeutet, das Licht der Sonne zu sehen. Und sie ist die Sonne meines Lebens. Obwohl sie strahlend hell ist wie die Sonne, hüllt sie sich, um mich nicht zu blenden, in das Licht des Mondes.

Eine poetische Bezeichnung für den Mond lautet im Hebräischen „die strahlend Weiße". Der Mond, „die strahlend Weiße", empfängt das Licht der Sonne und schwächt es ab.

Parmenides sagt, „mit scheuen Augen hält Selene (Mond) Ausschau nach Helios' (der Sonne) Strahlen". Das feurige Licht der Sonne wird milder im kühl-feuchten Licht des Mondes. Silberfarbenes Licht, milchig, schneeweiß. Allein ist sie, „die strahlend Weiße", in meinem nächtlichen Himmel, ganz für mich da. Rund und voll, wenn sie in ihrer Fülle erscheint, dann wieder schillernd in vielerlei Formen und Figuren, verborgen und doch wieder nahe in den Träumen. „Weckt meine Geliebte nicht auf, ehe es ihr selbst gefällt."

Dann die Sternbilder (wenn wir diese Deutung des rätselhaften hebräischen Ausdrucks einmal akzeptieren). Die hebräische Wortbildung bezeichnet wahrscheinlich eine Gruppe, die hinter einem Banner oder einer Standarte herzieht. Auf den himmlischen Bereich übertragen sind das die Sterne oder die Sternbilder. Sie bilden geheimnisvolle Zeichen, sprechen eine Sprache, die nicht ohne weiteres zu verstehen ist. Sie senden Signale aus, die einladend oder abweisend sind. Wir geben ihnen zwar Namen und zeichnen ihren Standort auf, wir versuchen zu erraten, was diese Punkte bedeuten, die da kreisen und tanzen, ohne ihr eigenes Bild zu zerstören. Aber dürfen wir uns unserer Deutungen so sicher sein? Wie gewaltig sind die Sternbilder, und wie sie ist meine Geliebte! Ihr Platz ist im Himmel, sie ist es, die mich unterwirft. Sie spricht zu mir mit ihrem Licht und bleibt mir doch beständig Geheimnis, das ich zu erahnen suche. „Schön wie der Mond, strahlend rein wie die Sonne, erschreckend wie ein Sternbild." Vielleicht wurde der Verfasser der Apokalypse von diesem Text beeinflußt, als er die himmlische Gestalt beschrieb: „Ein großes Zeichen erschien am Himmel: eine Frau mit der Sonne umkleidet, den Mond unter ihren Füßen und einen Kranz von zwölf Sternen auf ihrem Haupt" (Offb 12,1). Mit der Sonne, die sie umhüllt, ist das Sonnenlicht gemeint: „Das Licht umhüllt dich wie ein Kleid" (Ps 104,2). Der Mond

Surgam et circuibo civitatem, per vicos et plateas
quaerens quem diligit anima mea (3, 2).
Percusserunt et vulneraverunt me,
tulerunt pallium meum custodes murorum (5, 7).

Aufstehn will ich, die Stadt durchstreifen,
die Gassen und Plätze,
ihn suchen, den meine Seele liebt.
Sie schlugen, sie verletzten mich,
den Mantel entrissen sie mir,
die Wächter der Mauern.

unter ihren Füßen gleicht einer schaukelnden Barke oder einem geschwungenen Postament. Die zwölf Sterne bilden ein neues Sternbild und krönen die Frau als einzigartige, himmlische Gestalt. In der Tradition hat man in ihr die Kirche und Maria gesehen.

Gehen wir noch einen Schritt weiter. Hören wir dem heiligen Augustinus in einer seiner Osterpredigten zu:

„Der Sonnenball, Feuerherd des Lichtes für alle Gestirne, erglänzt mit seinem strahlenden Antlitz. Als erhabener König schmückt er das Haupt mit der Sternenkrone, heute, am Tag seiner Hochzeit, am Tag der Freudenfülle. Der Mond, der jeden Tag stirbt, kaum ist er geboren, schmückt sich für das Osterfest und kleidet sich in sein volles Licht. Alles in allem, meine Brüder: Alle Geschöpfe jubeln und feiern an diesem Tag unseres Heiles eine Art heiliger Liturgie der Liebe."
(Sermo 164; PL 39, 2067)

Gefährdete Schönheit

Warum muß Schönheit sich verteidigen? Müßte nicht allein ihre Anwesenheit genügen, um Respekt einzuflößen? Wir sehen eine Rose, eine Orchidee, und schon kommt uns der Wunsch, sie zu pflücken und zu besitzen. Um eines kurzen Genusses willen beschleunigen wir den Niedergang.

Die Schönheit eines Hirsches, einer Gazelle vor Augen spannt der Mensch den Bogen, er legt das Geschoß an, um den Hunger zu stillen, sich eine Trophäe zu erwerben. Teller mit reichhaltigen Speisen, tote Geweihe an den Wänden. Wann lernen wir betrachten, ohne daß der Instinkt zum Töten in uns wach wird?

Die Füchse sind nicht fähig zu betrachten. Deswegen beißen sie zu und verwüsten die Weinberge, die in Blüte stehen (2,15). Man muß sich selbst und auch die Weinberge verteidigen: „Fangt uns die Füchse, die kleinen Füchse." Auch er ist gefährdet, von ihrer unbedarften Schönheit: „Wie ein Hirsch, der sich verfängt in der Schlinge, bis ein Pfeil ihm die Leber durchbohrt: Wie ein Vogel sich ins Fangnetz stürzt ..." (Spr 7,22-23).

Auf vielfältige Weise ist die Schönheit gefährdet. Die Brüder wollen, daß ihre Schwester arbeitet, daß sie produziert und etwas leistet, auch wenn es sie um ihre schöne, weiße Hautfarbe bringt. Auch wenn die Arbeit sie daran hindert, sich selbst zu pflegen: „Meinen eigenen Weinberg hab' ich nicht mehr hüten können" (1,6). Sie bleibt dem Unwetter ausgeliefert, den gierigen Blicken der Sonne, die ihre helle Haut schwärzt: „Meine Brüder waren erzürnt über mich, sie bestellten mich, die Weinberge zu hüten."

Die Sonne, die die anmutigen Körper neugierig mustert und bewundert, zerstört jedoch nicht ihre Schönheit, sondern verdunkelt nur ihre helle Farbe. „Wundert euch nicht, daß ich so gebräunt bin; denn gar lange hat die Sonne auf mich geschaut" (1,6). Am Ende des Gedichtes lernen die Brüder, daß sie die gefährdete Schönheit ihrer jüngeren Schwester zu schützen haben (8,8).

Die Wächter müßten die wehrlose Schönheit verteidigen, wenn sie ihrem Namen und ihrer Aufgabe Ehre machen wollen. So tun sie es etwa beim Hochzeitszug: „Sechzig Soldaten geben ihm Geleit, die Tapfersten Israels. Schwertbewaffnete, geübt in tausend Schlachten; alle mit dem Schwert an der Seite, auf der Hut, denn in der Nacht lauert Hinterhalt" (3,7-8). Aber es gibt auch andere Wächter, nächtliche Wachen, die in der Stadt ihre Runde machen und die ihrer Aufgabe untreu sind. Einmal wendet sich die Geliebte an sie, doch sie geben keine Antwort (3,3). Bei einer anderen Gelegenheit zeigen sie sich aggressiv: „Sie schlugen mich, verwundeten mich. Den Schleier rissen sie mir weg, die Wächter der Mauern" (5,7).

Weiter können sie nicht gehen, da sie ihnen entwischt. Doch es bleibt der Schrecken zurück, das ängstliche Zusammenzucken. Denn es gibt andere Weisen, jemanden zu entblößen: ein kränkender, ein gemeiner oder verächtlicher Blick. Es gibt auch andere Arten, jemanden zu verwunden, ohne die Hände zu gebrauchen, mit geilen, habgierigen Augen. Wie zum Beispiel die, die lauthals miteinander wetteifern und sich über die Herrin Jerusalem lustig machten: „Reißt sie nieder, reißt sie nieder bis auf den Grund" (Ps 137,7).

Wird Schönheit zugrunde gerichtet, bleibt nur die Trauer. Das Buch der Klagelieder bringt in einem Lied den Schmerz darüber zum Ausdruck:

„Von der Tochter Zion wich all ihr Glanz.
Die sie einst ehrten, verachten sie alle;
Nun seufzt auch sie selbst und wendet sich ab.
Ist das die Stadt, die man die schönste nannte,
die Wonne der ganzen Erde?
Ach, wie schwarz wird das Gold, das reine Gold.
Ihre Fürsten waren reiner als Schnee,
weißer als Milch;
ihr Leib war röter als Korallen,
wie Saphir ihre Gestalt.
Ihr Aussehen ist schwärzer geworden als Ruß,
man erkennt sie nicht auf den Straßen.
Ihre Haut klebt ihnen am Gerippe,
wie Holz so trocken."
(Klgl 1,6.8; 2,15; 4,1.7.8)

Im Hohenlied ist davon nicht die Rede. Ihm geht es vor allem um die Schrecken der Nacht, die uns wachrütteln und uns zeigen, wie sehr die Schönheit gefährdet ist.

Aber ist die Schönheit nicht auch von der Liebe selbst bedroht? Die Liebe, die die Schönheit zum Erwachen bringt und sie hervorhebt, scheint sich auch gegen sie zu wenden. Sie ist gefährdet durch ihn, er durch sie, beide durch die Liebe. Er enthüllt „sein Banner der Liebe", und sie wird ohnmächtig, „krank vor Liebe" (2,4f). Sie ist wie eine himmlische Heerschar, vielleicht wie ein Sternbild aufgrund ihrer Anziehungskraft, ihres Zaubers. Man kann ihr nicht widerstehen (6,4-10). Sie müssen sich beide gegenseitig verteidigen, er sich vor ihr, und sie sich vor ihm. Er schaut auf ihren Hals. Mit ihren

Ketten aus vergoldeten und versilberten Metallringen erscheint sie ihm wie ein befestigter Turm, an dem „tausend Schilde hängen, lauter Waffen von Helden" (4,4). Soll ihn das einschüchtern? Oder zu mehr Kühnheit herausfordern? Und er weiß nicht, ob er sich mehr vor ihr oder vor sich selbst zu verteidigen hat. Vor der Gefährdung, die von ihr ausgeht, oder vor seiner eigenen Furcht. Vielleicht flieht er deshalb, ohne den Kampf aufzunehmen: „Mein Geliebter ist verschwunden" (5,6).

Beide müssen sich in gleicher Weise vor der Liebe verteidigen, die „stark ist wie der Tod, hartnäckig wie der ewige Abgrund" (8,6). Wenn Liebe so stark ist, kann man sich dann noch vor ihr schützen? „Der Ozean kann die Liebe nicht löschen" (8,7). Man sagt, die Liebe eint, sie fügt zwei in eins (Gen 2,24). Wäre es nicht besser zu sagen, die Liebe bringt den Krieg herbei? Venus und Mars arbeiten zusammen ...

Schließlich versuchen die Brüder, die Schwester mit ihrer blühenden Schönheit zu beschützen: „Wäre sie eine Mauer, bauten wir eine Mauerkrone um sie, ganz aus Silber; wäre sie ein Tor, mit Zederbalken verrammelten wir sie" (8,9). Silberne Zinnenspitzen sind ein ungewöhnlicher Luxus und lassen innerhalb der Einfriedung ungeahnte Reichtümer vermuten. Zederntore weisen darauf hin, daß hinter dem Tor ein wertvoller Schatz verschlossen ist. Dient dies alles der Verteidigung, oder will es anspornen und herausfordern? Die Geliebte ist nun herangewachsen und hat gelernt, die eigene Schönheit zu verteidigen. Sie ist ganz Mauer, jedoch nicht wie die eherne Mauer des Jeremia (Jer 1,18). Sie besteht aus Anmut. Und ihre Brüste sind die Türme (8,10), sanfte Verteidigung, ausgeglichene Festigkeit. Niemand wird es wagen, sie einzunehmen, sie zu erobern.

Niemand? Wenn sie nicht will ... „Doch bei seinem Anblick komme ich, Frieden anzubieten" (8,10). Geste der Ergebung,

Übergabe der Schlüssel. Der König mag eintreten in seine Stadt, gekrönt für die Hochzeit (3,11). Kämpfe der Liebe, Traum vom Frieden. „Weckt nicht, stört nicht auf meine Liebe, bis es ihr selbst gefällt" (2,7).

Geruch und Geschmack

Normalerweise bringt man Geruch und Geschmack nicht mit Schönheit in Verbindung. Auch wenn ein Parfüm den Namen „Arpeggio" trägt, gibt es weder einen Akkord, der aus Aromen besteht, noch einen Kontrapunkt der Düfte. Ein Festessen ist keine Geschmackssinfonie in vier Sätzen, und niemand komponiert eine Sonate Ente. Torten und Speiseeis lassen sich nicht einteilen in Dur und Moll. Vom Geruch und vom Geschmack sagen wir: Er ist angenehm, welch ein Genuß! Das riecht, das schmeckt gut. Solche Aussagen übertragen wir auch auf Figuren und Klänge. Doch wir sprechen nicht von der Schönheit der Düfte.

Das Hohelied dagegen besitzt ein größeres Repertoire an Pflanzen mit Düften und dem Geschmack ihrer Früchte als an schönen Tieren und Schmuckstücken. Warum?

Zur Liebe gehört eine leibliche Dimension, die sich nicht in der Kontemplation erschöpft: hören, sehen, schauen, zuhören. Die Liebe ist wie die Schwerkraft, die zwei Körper aufeinander ausüben. Sie wollen den Abstand nicht halten, weil sie die Vereinigung suchen, weil sie Verschmelzung erträumen. „Er wird sich an seine Frau binden, und sie werden ein Fleisch sein" (Gen 2, 24). „Sich vereinen", anhangen, zum Ort zurückkehren, von dem sie geholt oder weggerissen wurden. Deshalb verläßt der Mann die eigenen Eltern, und sie „vergißt das Vaterhaus ... Den König verlangt nach ihrer Schönheit" (Ps 45, 11 f). Das Geheimnis der Vereinigung läßt sich besser ausdrücken und erschließen mit Hilfe von Düften und Geschmack. Sie umhüllen und durchdringen.

Das Hohelied wird nicht müde, wird nicht satt, es erschöpft sich nicht. Welch prächtiger Park erscheint in einigen Liebesliedern. Welch bezaubernder Garten, welch liebliche Pflanzung mit Bäumen und Sträuchern, mit Blumen und Früchten, mit Düften und Aromen.

„Ich bin eine Narzisse von Scharon, eine Lilie der Täler", sagt sie (2,1). Sie ist auch ein Weinberg, den man bewachen muß (1,6), der Wohlgeruch verbreitet (2,13), den Füchse verwüsten möchten (2,15). Sie ist ein Beet, bepflanzt mit Lilien, die er pflückt und zu einem Strauß zusammenbindet. Sie ist ein Garten, in dem er spazieren geht und dessen Düfte er einatmet, einen nach dem anderen, aber auch alle miteinander: den Duft von Safran und Zimt, von Narde und Aloe, von Myrrhe und Weihrauch (4,12-16). Selbst köstliche Früchte fehlen nicht im Garten.

Auch er ist wie eine Pflanze: ein Beutel mit gepreßten, duftenden Myrrhen. Eine Zyperntraube, die in Blüte steht, ein Apfelbaum, der angenehmen Schatten spendet und wohlschmeckende Früchte gibt (1,13-14; 2,3). Er gleicht einer Zeder (5,15).

Und als Krönung und Chiffre für alles: der Wein. Er belebt und kann verwirren. Er schmeckt und duftet zugleich. Er kann anspornen und einschläfern. Man muß sparsam mit ihm umgehen. Der Wein – eine Chiffre für die Liebe: weil er rot ist wie Blut, weil er anziehend wirkt und gefährlich sein kann, weil er besser schmeckt, wenn man ihn teilt. „Deine Liebkosungen machen trunkener als Wein" (1,2). „Er führt mich in den Weinkeller" (2,4). „Dein Mund birgt feurigen Wein" (7,10). Er möchte seine Milch und seinen Wein trinken (5,1). Sie bietet ihm „süßen Granatapfelwein" (8,2).

Der Wein stellt Noach bloß, er ist spöttischen Blicken preisgegeben (Gen 9,8-27). Der Wein verwirrt den Trinker (Spr 23,29-35).

„Ein Spötter ist der Wein,
ein Lärmer der Rauschtrank.
Keiner, den er taumeln gemacht,
wird weise."
(Spr 20,1)

Wer den Weg der Liebe geht, muß davon trinken, um das Ziel zu erreichen. Der Weg des Mannes bei der jungen Frau. Jedoch mit Klugheit: Der Rausch entwaffnete Holofernes, den unbesiegbaren Feldherrn, der in hundert Feldzügen ohne Niederlage war.
Die Welt des Geruches und des Geschmacks ist im Hohenlied Raum der Liebe und zugleich ihr Symbol.

Hirte, Weinbauer und König

Der Liebhaber in der Gestalt des Hirten – ein Bild, das im Schrifttum wohl schon verwendet wurde, als das Hohelied entstand. Es fand immer weitere Verbreitung und bildete im Westen eine reiche Tradition aus. In Spanien finden wir den Liebhaber im Bild des Hirten bereits in der mittelalterlichen Dichtung:

Ich sehe die Herden
am Ufer des Meeres,
nicht seh' ich den Hirten,
der mich läßt, so daß ich leide.

Das Thema gewinnt dann bekanntlich mit Garcilaso und Lope de Vega besondere Bedeutung.

Zu Beginn des Hohenliedes ist der Geliebte ein Hirte, der als Nomade lebt. Die Geliebte muß ausgehen und ihn suchen. Sie hat Angst, sich bei den Hirten zu verirren. Die Entscheidung, die die Geliebte getroffen hat, wird schon in diesen Versen deutlich, und es wird auf mögliche Belästigungen durch Rivalen angespielt: „Wozu soll ich mich verschleiern und umherstreifen bei den Herden deiner Gefährten?" (1,7). Auf diese Weise macht sie ihn zugleich eifersüchtig.

Später wechselt der Geliebte den Beruf. Er bebaut den Garten. Wiederholt wird er als „Lilienhirte" bezeichnet (2,16;

6,3). Wo sein Garten liegt, aus dem er die Lilien pflückt und zu einem Strauß zusammenbindet, wer die Lilie oder die Narzisse ist, ist offensichtlich. „Ich bin eine Narzisse von Scharon, eine Lilie der Täler" (2,1).

Gehen wir über zum Bild des Weinberges, das literarisch allerdings weniger bedeutsam ist.

Die junge Frau ist der Weinberg, folglich ist er der Weinbauer. Das Bild ist klar, seine Verwendung weniger. Das hebräische Wort *kerem* bedeutet streng genommen „Weinberg", kann aber in einem umfassenderen Sinn auch den Weingarten bezeichnen. Der entsprechende Ausdruck *gan* bezeichnet einen Garten oder Park und kann ein Wein- oder Gemüsegarten, ein Park oder alles zusammen sein. Dieses dichterische Motiv des Weinberges wird im Buch nun weiter entwickelt.

Zunächst ist die Geliebte gezwungen, die Weinberge anderer zu hüten. Damit werden die Gegensatzpaare gebräunt – weiß, Bäuerin – Hofdame (am Hofe lebt der König Salomo) eingeführt: Die Geliebte ist ganz gebräunt, sie besitzt nicht die helle Hautfarbe der Hofdamen. Doch ist sie deswegen nicht weniger schön, sie kann sogar weitaus anziehender sein. Sie hat nicht die Möglichkeit, sich vor den Unwettern zu schützen, wie es die Damen in der Hauptstadt tun. Ihr Sorgen gilt anderem. Sie ist bescheiden und muß dienen. Und dennoch ist sie schön. Die Sonne schaut ständig auf sie (1,6); hätte sie doch den Schatten des Apfelbaumes gehabt (2,3)! Es spielt keine Rolle. Die Sonne bräunt die Haut, macht sie den schönen Zeltbahnen der Beduinen ähnlich, die ebenfalls der Sonne ausgesetzt sind. Sie gleicht den reichen Vorhängen des Königspalastes. Eines Tages werden die Hofdamen, die Königinnen und Nebenfrauen und die jungen Frauen der Hauptstadt ihre Hochschätzung ausdrücken: Du bist wie die

Morgenröte, wie die Sonne, wie der Mond, wie ein Sternbild (6,9f).

Auf einer zweiten Entwicklungsstufe wird der Weinbauer dem König gegenübergestellt, die Menge der Einzigen. Salomo, hier eine fiktive Gestalt, hat einen riesigen Weinberg oder Weingarten (8,11): *ba'al hāmôn* kann im Hebräischen auch „unzählige" bedeuten. Bezieht es sich auf den königlichen Harem, auf die für den Hofdienst eigens ausgewählten jungen Frauen (vgl. 1 Sam 8,13-16)? Salomo kann sich den Luxus erlauben, seinen Garten Ansiedlern und Halbpächtern zu überlassen und die Früchte mit Steuern zu belegen. Der liebende Weingärtner meint zornig: Salomo mag seine Menge und seine Gelder ruhig für sich behalten. Er mag sie verteilen, wenn es ihm gefällt. Er hingegen hat und will nur eine einzige, die ganz und nur ihm gehört. Ein Ideal von Einehe, von ausschließlicher Liebe, das sich hier in der Dichtkunst gegen die Polygamie behauptet, mit der die Herrscher prahlten. Könnte der König nicht auch die demütige Hirtin für sich haben wollen und der Hirte sich bedroht fühlen? Das Thema ist in unserer literarischen Tradition sehr wohl bekannt. Vielleicht spielt auch der biblische Text darauf an.

Eine weitere Entwicklung der Motive: Der Weingärtner ist für seine einzige Geliebte ein König. Er ist Salomo, sie ist Schulammit. Das zuvor verwendete Bild des Königs wird hier vervollständigt. Die Politik krönt den König, die Liebe krönt Braut und Bräutigam.

Schon zu Beginn des Buches ist er ein berühmter König, viele sind in ihn verliebt (vgl. Ps 45). Man feiert ein Fest, mit Wein und Musik. Thema das Liedes, vielleicht handelt es sich auch um einen Wettbewerb, ist die Liebe: Sie ist besser als Wein, schöner als die Musik, größer als das Lied, das sie besingen will (wie auf der Wartburg Tannhäuser, oder wie bei den Meistersingern). Beim Festmahl ist er der Gefeierte, sie stellt sich vor und wird auserwählt. Sie nennt ihn „meinen König", ohne Eigennamen.

Der Hochzeitstag ist feierlich. Der Geliebte ist heute König Salomo in eigener Person. Er wird in seiner Sänfte herbeigeführt. Zahlreiche Soldaten begleiten ihn. Kehrt er etwa siegreich von einem Feldzug zurück, wie Ps 45 oder Jes 62 andeuten? Das Geleit gewährt Schutz vor möglichen nächtlichen Hinterhalten. Die Fiktion ist ganz deutlich. Hier wird die Zeremonie von Gen 2,22 und von Ps 45 umgedreht: Nicht die Braut, sondern der Bräutigam wird geführt. Die Mutter, die den Sohn zum Bräutigam krönt, krönt ihn zum König. Dank dem „Fest des Herzens", das mehr ist als ein Fest mit Wein und Liedern, dank des Hochzeitskranzes, ist der junge Mann heute ein König und kann sich den Beinamen Salomo geben. Und sie ist Schulammit, vielleicht in Anspielung auf Abischag aus Schunem, die Gefährtin des alt gewordenen Königs David (vgl. 1 Kön 1-2). Sie ist die „Prinzessin" der Gärten (8,13: „die sitzt, weilt" = die einen Thron hat).

Der Garten steht dem Weinberg oder dem Weingarten gegenüber und verweist auf das Angenehme im Gegensatz zum Mühsamen. Es gibt auch Liebesmühen. Jesaja singt davon in seinem berühmten Weinberglied, einem Liebeslied:

„Mein Freund hatte einen Weinberg
auf fetter Bergeshöhe.
Den grub er um und säuberte ihn von Steinen
und bepflanzte ihn mit edlen Reben.
Er baute einen Turm in seiner Mitte,
auch eine Kelter hieb er darin aus.
Und er hoffte, daß er edle Trauben brächte" (Jes 5,1 f).

Die Freuden der Liebe besingt das Hohelied im Bild des Gartens bzw. des Obstgartens (4,12-5,1). Die Geliebte ist ein

Ego dormio et cor meum vigilat (5,2).
Ecce lectulum Salomonis: sexaginta fortes ambiunt,
omnes tenentes gladios (3,7).

Ich schlief, doch mein Herz war wach.
Sieh da, das ist Salomos Sänfte;
sechzig Helden geleiten sie;
alle vertraut mit dem Schwert.

Park-Garten und ein Brunnen. Sie gleicht den Bäumen, die Balsamduft verbreiten, sie gibt wie die Bäume Früchte, die man kosten kann. Herr dieses eingefriedeten und verschlossenen Gartens ist nur er. Er kann „in seinen Garten hinabsteigen" (6,2). Er kann dort unbeschwert spazierengehen. Leicht wie der Wind kann er lautlos über die Mauern springen. Oder wie zwei Winde, Nordwind und Südwind, der eine frisch, der andere warm, die in beide Richtungen wehen. Wohin geht der Wind? Wer kann ihn festhalten? Doch es bleibt ein Zeichen zurück, wenn er still vorüberweht: der Duft, den er jeder Pflanze geraubt hat. Der Weg des Mannes bei der jungen Frau.

Landschaft

Viele Kulturen kennen den Mythos von der Mutter Erde. Es handelt sich dabei um eine Darstellung von Fruchtbarkeit, von lebenspendender Fülle. Die Erde, Gäa, ist die Mutter der Lebewesen, und Ceres die Mutter der Nahrung, die sie ernährt. Wie eine Mutter, die aus ihrem Innern die Kinder hervorbringt und sie an ihrer Brust nährt. Auch die Bibel spielt mitunter auf diese mythologischen Vorstellungen an. Die Erde als Mutter hat ihre Entsprechung in der Mutter als Erde.

Die Israeliten stellen sich ihre geliebte Hauptstadt aufgrund ihrer Schönheit als junge Frau vor, und aufgrund ihrer einladenden Fruchtbarkeit als Mutter. Geschieht das gleiche auch mit dem Land? Übernimmt man die oben erwähnte Gleichsetzung, dann könnte man sagen: Das Land, schön wie eine junge Frau; die junge Frau, schön wie das Land.

Vergleiche mit dem menschlichen Körper zur Beschreibung der Landschaft gibt es viele, auch wenn sie wegen ihrer häufigen Verwendung oft kaum bewußt wahrgenommen werden: Man spricht etwa vom „Fuß" eines Berges oder von den „Armen" eines Flusses ... Ähnliche Beispiele finden sich im Hebräischen. Die dichterische Sprache kennt noch mehr solcher Vergleiche, und Dichtung ist auch das Hohelied: eine Poesie der Liebe, keine platonische oder stoische Abhandlung über die Liebe.

Im Hohenlied kommt das Thema der Erde als Mutter nicht vor, doch sehr wohl begegnen wir hier und da Stellen, in denen das Land tatsächlich mit der jungen Frau verglichen wird. Statt von Land spreche ich lieber von Landschaft. Obwohl sich die Hebräer darauf verstanden, die Natur zu betrachten und zu genießen, entfalteten sie das, was wir unter Landschaft verstehen, nicht eigens. Doch das spielt hier keine Rolle.

Ich möchte eine Unterscheidung treffen: die Geliebte in der Landschaft, die Geliebte als Landschaft. Wenn die Landschaft das Bühnenbild für ihren Auftritt abgibt, kann sie eine symbolische Aufgabe übernehmen. So weit, daß es zu einer Verschmelzung kommt: Sie steht im Garten, ist Prinzessin der Gärten, ist selbst Garten. Sie steht im Schafstall, und ihre Brüste sind zwei Kitzen (7,4). Die Geliebte ist Landschaft in verschiedenen Textstücken. Manchmal Landschaft ohne Namen, Landschaft ganz allgemein, die einen beliebigen Namen annehmen könnte. Dann wieder bekanntes und geliebtes Land, mit einem Eigennamen, der bestimmte Resonanzen hervorruft.

Von Kedar aus betrachtet sie die schwarzen, ausgespannten Zeltbahnen der Beduinen: Wie diese Zelte ist die Farbe ihrer Haut (1,5). Sie ist eine Narzisse von Scharon, eine Lilie von den Tälern (2,1). Majestätisch erhebt sich der Karmel: So ist sie (7,6). Schräg führt der Abhang des Libanon nach unten: Wie er ist das Profil ihrer Nase (7,5). In Heschbon liegen zwei Seen symmetrisch beieinander, in denen sich das Blau des Himmels und der stille Mond spiegeln: So sind ihre Augen (7,5). Und Gilead: Eine Herde Ziegen kommt vom Gebirge herab, munter hüpfende Tiere, schwarze und weiße, die immer neue Figuren bilden: ihre Haare (6,5). Und vor allem die beiden Hauptstädte: Tirza, die Schöne, und Jerusalem, die Friedvolle (6,4). Tarschisch mit ihren wertvollen Steinen bleibt fern, nur als Anspielung erscheint ihr Glitzern.

Sie ist die Landschaft, die Landschaft ist sie. Einige Ausleger haben deswegen versucht, das gesamte Buch als ein Lied auf Palästina zu deuten. In der Gestalt der geliebten jungen Frau besinge jemand, der in sein Land verliebt ist, seine Heimat Palästina. Ich ziehe dem die andere Erklärung vor. Auch wenn der Verfasser Jerusalem zu seiner höchsten Freude erhebt (Ps 137,4), auch wenn er sein Land leidenschaftlich liebt, singt er doch für die Geliebte: „Sie, meine makellose Taube, ist die einzige, sie allein" (6,9).

In der Synthese oder in der Verschmelzung von Landschaft und menschlicher Schönheit kann sich jedoch eine Harmonie der Schöpfung offenbaren, die der Schöpfer verschlüsselt in sie hineingeschrieben hat und die sich dem mitteilt, der Augen hat zum Sehen und Ohren zum Hören. Dem, der den Weg kennt: den Weg des Mannes bei der jungen Frau.

Orte der Liebe

Sucht die Liebe nach besonderen Orten, die für sie günstig sind? Oder gestaltet sie gewöhnliche Orte neu? Sie macht ein Haus zum Palast, einen Keller zum Hochzeitszimmer, eine Wiese zum Bett.

Die Orte der Liebe sind in diesem kleinen Buch vielfältig und verschieden. Sie scheinen ein Schachbrett zu bilden, das aus sich entsprechenden und gegensätzlichen Feldern besteht: der Raum für das Schachmatt-Spiel der Liebe.

Das Haus und die Flur: Das Haus ist das Vertraute, das Beschützte. Die Flur, das offene Land, steht für das Wilde und Gefährliche.

Im Haus gibt es Früchte: „frische und solche vom Vorjahr" (7, 14). Die frischen muß man jedoch von draußen hereinholen, man muß hinaus auf die Felder gehen, „um zu sehen, ob der Weinstock schon treibt, ob die Blüten sich öffnen, ob die Granatbäume in Blüte stehen" (7, 13).

Das Haus ist verborgen, geschützt; die Flur ist offen, allem ausgesetzt. Wie der Garten und das Feld: Der Garten, der Garten und Park in einem ist, hat eine Ringmauer und einen Riegel vor der Tür, kostbar ist er und begehrenswert. Die Flur hat keine Mauern, grenzenlos ist ihre Weite, und auch die Düfte fehlen ihr nicht. In ihrer Weite kann sie auch Einsamkeit anbieten.

Die Stadt ist von einer Mauer umschlossen, die ihre Häuser

und ihre Straßen schützt. Dank ihrer undurchlässigen Mauern kann man sich frei und sorglos auf den Straßen und Plätzen bewegen. Die Mauern sind nötig, weil die Stadt jederzeit bedroht werden werden kann.

Die Flur braucht keine Mauern. Sie wird umgeben von Wäldern und Hügeln, die allen zugänglich sind; ihre Straßen sind Pfade: „Komm, mein Geliebter, gehen wir hinaus in die Flur" (7,12).

Wo will die Liebe ihren Schutz finden, ihr Zuhause: unter dem Apfelbaum oder unter den Zedern? Die lebende Zeder ist hochgewachsen und belaubt, sie gewährt weiten Schatten. Großzügig verströmt sie ihren Duft. Sie ist eine Adelige unter den Bäumen, und ihre Heimat sind die höchsten Berge. Wird sie abgeschnitten und zu Holz verarbeitet, schmückt sie die Decken der Paläste und verstärkt die Tore der Stadt.

Vielleicht trägt eine mit Zedernholz verkleidete Wohnung den Duft der Wälder in sich. Im Dunkeln möchte man glauben, mitten im Wald zu sein. Aber nein! Gehen wir lieber hinaus in den Wald, direkt zu den lebenden Zedern und Zypressen, und der Wald wird uns zum Haus und Palast werden:

„Die Wände des Hauses sind die Zedern,
und die Zypressen bilden unser Dach" (1,17).

Der Apfelbaum ist dagegen ein Fruchtbaum, er ist veredelt. Er lebt zusammen mit den Menschen in den Gärten. Und deshalb verweist er auf das häusliche Leben, auf die Fruchtbarkeit der Kinder in der Abfolge der Generationen:

„Unter dem Apfelbaum habe ich dich geweckt,
wo deine Mutter dich empfing,
wo deine Gebärerin in Wehen lag" (8,5).

Der Weinberg und die Schafställe sind Orte, an denen man arbeitet: Wächter und Hirten haben Weinberge und Herden zu hüten, da sie den Unwettern und den Angriffen wilder Tiere ausgesetzt sind.

Der Prophet Jesaja besang die „vergebliche Liebesmühe" im Bild eines Weinberges und eines Weingärtners:

„Er grub ihn um und säuberte ihn von Steinen
und bepflanzte ihn mit edlen Reben.
Er baute einen Turm in seiner Mitte,
auch eine Kelter hieb er darin aus.
Und er hoffte, daß er edle Trauben brächte."
(Jes 5,2)

Wenn der Weinberg nicht gepflegt wird, wird er zur Weide und wird zertreten (Jes 5,5). Ein Psalm sieht den schlecht beschützten Weinberg so:

„Warum hast du seine Mauern zerbrochen,
daß alle, die vorübergehen, von ihm pflücken?
Der Eber aus dem Walde verwüstet ihn,
und das Getier des Feldes weidet ihn ab.
Sie haben ihn mit Feuer verbrannt, zerschnitten."
(Ps 80,13.14.17)

Von den Mühen und den Gefahren des Hirten wissen Jakob und David zu erzählen. „Am Tag verzehrte mich die Hitze und des Nachts der Frost, und der Schlaf floh meine Augen" (Gen 31,40). „Dein Knecht hütete seinem Vater die Schafe; kam nun der Löwe oder der Bär und trug ein Schaf weg von der Herde, so lief ich ihm nach, erschlug ihn und riß es ihm aus dem Rachen; erhob er sich aber wider mich, so ergriff ich ihn bei der Mähne und schlug ihn tot" (1 Sam 17,34f). Sie – die

Geliebte – möchte nicht Wächterin in fremden Weinbergen sein, noch sich in den Schafhürden der Hirten verirren. Dies sind nicht die Orte ihrer Liebe. Aber verlangt nicht auch der Weingarten gleichermaßen Arbeit? Doch er ist der Wind, und seine Arbeit besteht darin, den Pflanzen die Düfte wegzunehmen (4,16).

Die Orte der Liebe können auch gefährlich sein. Auf der Straße können Späße verletzen, auf den Plätzen kann die Gewalt im Hinterhalt lauern. Die Stadt kann gestürmt werden, in den Garten kann ein Dieb eindringen, des Nachts lauern die Schrecken. Wo findet man Schutz? Vielleicht im Haus mit seinem Zimmer und seinem Weinkeller. Der feuchte Weinkeller wirkt geheimnisvoll. Das Zimmer ist bescheiden, „das Haus meiner Mutter" ist mütterlich und einladend (3,4; 8,2). Doch um dorthin zu gelangen, muß man eine schwierige Reise auf sich nehmen.

Sie kommt vom Gebirge herab, bewegt von der Anziehungskraft der Liebe. Er hüpft über die Berge und Hügel, ohne Spuren zu hinterlassen, leichtfüßig, weil die Liebe ihn hoffen läßt (4,8; 2,8). Beide haben die Steppe oder die Wüste zu durchqueren (3,6; 8,5).

Am Ende ist sein Ort in ihr, und ihr Ort ist in ihm: „Ein Beutel Myrrhe ist mein Geliebter mir, er ruht an meiner Brust" (1,13). „Seine Linke ist unter meinem Haupt, und mit seiner Rechten umfängt er mich" (8,3). Der Weg des Mannes bei der jungen Frau.

Unzugänglich und nahe

Im Norden, für den wandernden Israeliten ein weit entlegener Ort, erhebt sich der mythische Berg des Libanon: schattig mit seinen Zedernbäumen, leuchtend im winterlichen Schnee. Der Libanon ist entlegen und unzugänglich, begehrt wegen seiner kräftigen Zedern mit ihrem harten und wohlriechenden Holz. Er wird gepriesen wegen seiner reinen Wasser, die reichlich Quellen nähren. Seine Wasser durchqueren die Wüste und kommen nach Damaskus, sie durchfließen Seen und gelangen bis hin zum Toten Meer. Bis nach Babylon, bis nach Jerusalem kommt sein Holz. Darüber hinaus verbirgt der Libanon „Höhlen der Löwen, Berge, wo Panther hausen". So stellten es sich die Dichter zumindest vor.

In dieser urwüchsigen Natur mit Wäldern und wilden Tieren wohnt die Geliebte: fernab, unzugänglich, ersehnt. Sie muß von diesen Höhen herabsteigen, um sich von der Liebe bändigen zu lassen. Es ist, als lebte sie mit den wilden Tieren, wie am Anfang der Schöpfung, frei von Verantwortung. Ein Geschöpf der Berge, wild und verwildert. Der Bräutigam muß sie von dort herausholen, sie auf gütige Weise an sich ziehen. Deswegen macht er ihr den Hof und lädt sie ein:

„Komm vom Libanon, meine Braut,
beeile dich, vom Libanon komm . . .
Von den Höhlen der Löwen,
den Bergen, wo Panther hausen" (4,8).

Species eius ut Lybani, electus ut cedrus,
talis est dilectus meus (5, 15-16).

Veni de Lybano, sponsa mea, veni de Lybano,
veni: coronaberis (4, 8).

Seine Gestalt ist wie der Libanon,
erlesen wie Zedern.
Das ist mein Geliebter.

Komm doch mit mir, meine Braut, vom Libanon.
Komm, du wirst gekrönt werden.

Eine Taube ist die Geliebte, eine wilde Taube: scheu, fluchtbereit, schreckhaft. Sie lebt verborgen „in den schmalen Spalten der Felsen und in den scharfen Klippen der Bergwand" (2,14). Der Bräutigam hätte sie gerne als gezähmte Taube, mit zarten Blicken und fügsam für Liebkosungen. Deswegen lädt er sie ein, sich anschauen und hören zu lassen. Sie wird zugänglich, so sehr, daß sie das Haupt auf die linke Hand des Geliebten legt und sich von seiner Rechten in die Umarmung schließen läßt (8,3). Bis zu einem teilweisen Tausch der Rollen.

Wenn der Geliebte auch nicht scheu und unzugänglich ist, kann er sich doch entfernen und unerreichbar werden. Dann muß *sie* die Initiative ergreifen und nachfragen: „Sage mir, wo du weidest" (1,7). Sie bittet ihn umzukehren, einer Gazelle gleich (2,17); sie geht hinaus, um ihn in der Nacht zu suchen (3,1-4; 5,6f).

Da sie unzugänglich war und er sie ohne Gewalt an sich ziehen mußte, da er sich entfernte und sie hinausging, ihn zu suchen, deswegen ist die Liebe gewachsen und hat sich gefestigt.

Denn die Liebe ist Weg und Eroberung. Sie läßt sich nicht kaufen. Man verdient sie als Geschenk, als Gnade. Und wenn sie erobert ist, wenn man sie besitzt, umkleidet sie sich mit dem Schleier des Geheimnisses, des Fernseins, der in der menschlichen Liebe nie ganz fehlen wird. Sie entzieht sich im Schlaf, ist nahe und fern. Doch durch die versteckten Gänge des Traumes erscheint er: „Ich schlief, doch mein Herz war wach" (5,2).

Tanz

Der Tanz preist die Anmut der Bewegung. Viele natürliche Bewegungen sind graziös und schön. Das Einherschreiten der Katze, das Laufen der Gazelle, das Kriechen der Schlange.

Auf dem Erdboden sind es vielleicht Katzen und Hirsche, die sich die Siegespalme streitig machen. In der Luft ist es der majestätische Flug des Adlers, der schwebt oder steil nach oben steigt. Reizvoll sind gewöhnlich die Bewegungen der Hündchen und anderer kleiner Tiere bei ihrem instinktiven Spiel. Ähnliches ließe sich vom Menschen sagen, besonders von den Kindern, Heranwachsenden und Jugendlichen.

Der Tanz jedoch hebt die Schönheit der natürlichen Bewegung besonders heraus. Er nimmt ihnen das bloß Nützliche und konzentriert die Bewegung auf reine Harmonie oder reinen Ausdruck. Er stilisiert die natürlichen Rhythmen und fügt verschiedene Bewegungen zu etwas Neuem. Das Gehen kann einer Fortbewegung auf Schienen gleichen. Besonders feierlich etwa bei einer Militärparade, leicht und unbeschwert in einem Pas de deux. Der Mensch kann sich einfügen in einen Dreiertakt, in ein Menuett, in einen Walzer. Wo die natürliche Abfolge durchbrochen wird, gelangt die Bewegung in eine neue Sphäre. Gehen ist eigentlich eine lineare Bewegung, die auf ein Ziel zuführt, auch wenn es Hin- und Rückweg gibt. Anders beim Tanz: Er kann im Kreis führen, immer wieder zum Ausgangspunkt zurückkehren. Oder er schafft erfinderisch überraschende Verbindungen und Verwicklungen.

Es reicht nicht aus, die Schönheit der Geliebten zu betrachten, wenn sie ruht. Sie muß dem Geliebten und seinen Freunden die Anmut ihrer Bewegungen im Tanz kundtun:

„Wende dich, Schulammit, wende dich,
wende, ja wende dich, wir wollen dich bewundern" (7, 1).

Der Tanz kann für einen einzelnen Tänzer, für ein Paar oder einen Reigen sein. Man kann daran teilnehmen, er kann auch vorgeführt werden. Die Geschichte erzählt uns, wie die Israeliten die Bundeslade in Prozessionen nach Jerusalem hinaufführten und dabei tanzten. Von David wird gesagt, er „tanzte mit aller Kraft vor Jahwe, wobei er nur mit einem leinenen Efod umgürtet war" (2 Sam 6, 14).
Psalm 87 endet mit einem Reigentanz, Psalm 149 erwähnt den Schwerttanz, und Psalm 150, der den Psalter abschließt, ist ein einziger Tanz des Orchesters.

Im Text des Hohenliedes bilden die Eingeladenen zwei Chöre oder Gruppen von Zuschauern. Die Braut steht in der Mitte und tritt zum Solotanz auf:

„Was bewundert ihr denn an Schulammit
beim Reigentanz in Doppelreihen?" (7, 1)

Alle schauen zu, sie muß für alle tanzen. Innerlich aber tanzt sie nur für ihren Geliebten. Als erstes bewundern alle ihre Füße, die kunstvolle Bewegungen ausführen. Sie gleichen Webern, die ein Gewebe entwerfen, das sich sofort wieder auflöst. Sie bilden Figuren, die, kaum hat man sie wahrgenommen, schon wieder verschwinden. Manche prägen sich auch der Phantasie ein:

„Nur einen Augenblick lang hast du es getan,
doch du bist geblieben wie ein Stein,
für immer hast du es getan."
(Juan Ramón Jiménez)

Sie zeigt eine Geschicklichkeit und Schönheit, die ihr Geliebter an ihr bisher noch nicht entdeckt hatte. Die Rundung ihrer Hüften beim Ausführen der Bewegungen ist „wie Geschmeide, von Künstlerhand gefertigt" (7,2). Oder eher umgekehrt: Das Geschmeide ist wie der geliebte Körper. Vielleicht hat sich der Künstler sattgesehen und seine Phantasie mit harmonischen Formen ausgemalt. In einem schöpferischen Augenblick bildet er sie nach und formt seine Juwelen, wie ein Handwerker seine Phantasie in ein Kunstwerk einfließen läßt. Der Vergleich ist im Hohenlied keine äußerliche, rhetorische Bezugnahme. Ihm liegt die Entdeckung wirklicher Entsprechungen zugrunde: deine Hüften – wie Geschmeide von Künstlerhand.

Der Tanz ist Ausdruck: Er zeigt Freiheit und Freude. Wenn es auch schwerfällige Tänze gibt, wie die Pavane, so gibt es andere, die das Gesetz der Schwerkraft zu vergessen scheinen. Der Körper befreit sich davon, er gehorcht den Impulsen, die aus dem Inneren kommen. Vielleicht ist er auch bewegt von der Musik, der Gefährtin des Tanzes. Man befreit sich von der Unterordnung unter die Arbeit, denn man tanzt einfach aus Freude am Tanzen, wie in einem Spiel. Der Tanz bringt Freude in beiden hervor, in dem, der sich bewegt, und in dem, der zuschaut. Als Ausdruck der Freude gehört der Tanz zum Fest. Die Tochter des Jiftach verließ das Haus und hüpfte im Takt des Paukenschlags tänzelnd ihrem Vater entgegen, der siegreich vom Krieg heimkehrte (Ri 11,34). Zum Fest des Herrn, das man jährlich in Schilo feiert, „kommen die Töchter von Schilo heraus, um im Reigen zu tanzen" (Ri

21,21). Um den Geburtstag des Herodes zu feiern, tanzt Salome vor den geladenen Gästen. Dreimal nehmen die Tänze einen verhängnisvollen Ausgang. Anders im Hohenlied.

Während des Festes muß der Tanz andere, verborgene und geheime Harmonien offenbaren. Warum sieht der Geliebte Weizen und Wein im Leib und im Nabel der tanzenden Geliebten? Er sieht den Leib wie eine Weizengarbe, den Nabel wie eine Schale für Wein oder Likör. Bevor der geputzte und aufgehäufte Weizen zu nahrhaftem Brot verarbeitet wird, verfärbt er golden das Licht, das er empfängt, und strahlt es aus in Millionen von Weizenkörnern. Nach einer bestimmten Zeit neigt er sich sanft zur Seite. Aber es ist Weizen, Frucht von der Mutter Erde und Nahrung für ihre Kinder. Der Leib der Geliebten, der sich so glänzend bewegt, birgt eine zeugende Kraft, er wird sich eines Tages anfüllen mit güldenen Früchten, die wertvoller sind als Weizen. „Umgeben von Lilien": geschmückt und beschützt von der reinen Schönheit der Blumen, die dem Getreide huldigen, bevor sie verwelken. Blumen, die vielleicht mitten im Weizen gewachsen sind. Vielleicht auch auf nicht bebauten Feldern, als wollte das Wilde dem Bäuerlichen seine Zuneigung zeigen. Und dann der Leib, mit dem Nabel als Mitte: inmitten des Weizens eine Schale mit Wein, der Glanz verleiht und berauscht. Auch der Wein gehört zum Fest: „Und das Volk setzte sich nieder, zu essen und zu trinken, und dann erhoben sie sich, um zu tanzen" (Ex 32,6). Der Wein durchzieht das ganze Hohelied, denn er ist ein Gefährte der Liebe:

„Dein Nabel, eine runde Schale,
ist immer gefüllt mit berauschendem Wein
und dein Leib mit reifem Korn,
umgeben von Lilien" (7,3).

Vielleicht gibt es noch weitere Harmonien, die sich im Tanz zeigen oder nur leicht andeuten. Kosmische Harmonien des Mondes und der Gestirne, die am Firmament kreisen, eine Harmonie der Elemente über der Erde. Das Hohelied sagt nichts davon. Statt dessen gleitet der Blick weiter zum Kopf der Geliebten und zu ihrem Haarwuchs. Gelöst bilden die frei und eigenwillig fallenden Haare ständig neue Figuren, dem Rhythmus folgend oder gegenläufig zu ihm. Sie gehen nach vorne, nach hinten. Sie springen, lösen sich voneinander und verbinden sich wieder. Und der „König", der Geliebte, der sie betrachtet, fühlt sich von diesen Haaren liebkost, umhüllt, gefesselt, „gefangen in deinen Locken" (7,6). Der Weg des Mannes bei der jungen Frau.

Zauber und Schrecken

Die Schönheit kann blenden mit ihrem Glanz, sie kann mit ihrem Bann verzaubern. Die Legende von Circe, die in der Odyssee erscheint, wird in der Folklore verschiedentlich aufgegriffen. Sie erzählt von einer Zauberin, die ihre Gäste in Schweine verwandelt. Schönheit kann wilde Männer zähmen: Mars, den Gott des Krieges, und den unüberwindlichen Samson. Sie kann dem Verliebten aber auch den Verstand rauben: Batseba dem David, Judith dem Holofernes. Die Schönheit ist bezaubernd und schrecklich zugleich.

Wie ist es möglich, diese beiden Empfindungen in Einklang zu bringen? Ein Zauber, der anzieht und bindet, ein Schrekken, der in die Flucht treibt. Mit ähnlichen Ausdrücken bittet die Geliebte ihn zu kommen, ein andermal wegzugehen:

„Wenn der Tag abkühlt
und die Schatten dahinfliehen,
beeile dich, mein Lieber, laufe,
werde eine Gazelle,
wie ein Junghirsch springe
über die Balsamberge" (2,17).

Einmal der Wunsch zu sehen: „Laß mich deine Gestalt schauen" (2,14). Zugleich die Furcht, gesehen zu werden: „Wende deine Augen von mir, denn sie verwirren mich" (6,5). Der Wunsch zu besitzen und unbefriedigter Überdruß, Zauber und Enttäuschung. Er kommt als Bittender: „Öffne mir, meine Taube" – und flieht dann ohne Grund: „Ich öffnete schließlich meinem Geliebten: Doch mein Geliebter ist verschwunden, der Geliebte ist weg ..." (5, 2.6). Die Liebe ist wie eine Schwerkraft, die bei der gegenseitigen Anziehung auch nach Abstand verlangt. Der Liebende sehnt sich danach, mit dem anderen zu verschmelzen, und zugleich fürchtet er, die eigene Identität zu verlieren. Er will, und er möchte nicht wollen. Er will seine Freiheit, um sie und damit sich selbst zu übereignen; er fürchtet, die Freiheit und so auch sich selbst zu verlieren:

„Wenn fortan in Gemeindeland
ich nicht mehr zu sehen und zu finden bin,
sagt, ich sei verlorengegangen,
ich hätte mich, in Liebe immer mehr entbrannt,
verlieren wollen und sei gewonnen worden."
(Johannes vom Kreuz, Geistlicher Gesang, 21)

In der Geschichte des davidischen Reiches wird erzählt, wie Amnon sich rettungslos in die Stiefschwester Tamar verliebte, bis er vor Leidenschaft krank wurde. Mit einer gemeinen List „vergewaltigte er sie, schändete sie und wohnte ihr bei. Dann aber empfand er tiefen Widerwillen gegen sie, so daß der Widerwille, den er gegen sie empfand, noch heftiger war als die Liebe, die er zu ihr gehabt hatte" (2 Sam 13, 14 f). Kann das echte Liebe gewesen sein, was sich so schnell in Abneigung wandelt? Vielleicht war es nur sexuelle Begierde. Sie scheint den jungen Mann auf des Messers Schneide gebracht zu haben: Von einem Augenblick auf den anderen schlägt seine leidenschaftliche Liebe um in unerträgliche Abneigung. Es sind zwei aufeinanderfolgende Augenblicke, es ist nicht die Spannung zwischen gleichzeitig wirkenden Kräften. Aber vielleicht war schon vom ersten Augenblick an die zerstörerisch wirkende Kraft verhüllt und unbemerkt, zugegen. Denn die Liebe geht nicht in Gleichgültigkeit über, sondern in Abneigung, in Haß.

Das Hohelied hat mit einem solchen Verhalten nichts gemein. Vielleicht steckt hinter der Furcht, die die Liebe einflößt, die Angst, jene Liebe zu verlieren und mit ihr den Geliebten. Vielleicht fühlt der Liebende auch, daß er – mehr als die Liebe zu besitzen – von der Liebe in Besitz genommen ist, von einer Kraft, die stärker ist als er selbst. Er fürchtet, beherrscht und entwaffnet zu werden von einer Macht, die ohne Voranmeldung und ohne um Erlaubnis zu fragen gewaltsam in sein Leben eingebrochen ist. Es ist, als würde eine kosmische Macht unsere Wege kreuzen und zwei wehrlose Teilchen durcheinanderwirbeln: sie und ihn. Sich übereignen oder Widerstand leisten? Aber – ist Widerstand möglich? Wird die Kraft, die hier am Werk ist, durch Widerstand nicht weiter verstärkt? Widerstehen und den Zauber preisgeben, den Impuls und die Ausrichtung eines ganzen Lebens?

Es ist wahr: Bei der Liebe spielt man mit dem Leben. Mit beider Leben. Deswegen befindet sich die Liebe auf dem Grat zwischen Leben und Tod: „Stark wie der Tod ist die Liebe" (8,6). Zauber und Schrecken vermischen sich und machen die Liebe geheimnisvoll, anziehend und schrecklich, in einem ständig sich steigernden Wechselspiel.

Du bist schön und harmonisch wie die schönsten Städte, Tirza und Jerusalem. Deine Schönheit aber ist schrecklich und furchtbar wie ein Sternbild, das in der Nacht seinen Einfluß ausübt. Strahlend weiße Sonne, die brennen und blenden kann, leuchtendes Licht, das verwirren kann, ein Ring von Gestirnen, der in Beschlag nehmen kann. Welche Freude, sich in Beschlag nehmen zu lassen, um eine himmlische Reise anzutreten!

Krieg und Frieden

Schlachten der Liebe, sagen die Dichter. Krieg der Geschlechter, sagen die Anthropologen. Aber Geschlecht klingt wie eine Abstraktion, Liebe hingegen existiert konkret zwischen den Personen. Die Schriftsteller sprechen also zu Recht von Schlachten der Liebe. Von ihrem Geplänkel und ihren Listen, den Gefechtspausen, dem Waffenstillstand, von ihren Angriffen und ihrem Rückzug, ihrem Widerstand und der Ergebung. Wenn die Liebe entflammt, setzt der Krieg ein.

In Israel hob man im Krieg zwei Qualitäten besonders hervor, die Stärke und die Schnelligkeit: „Schneller waren sie als Adler, stärker waren sie als Löwen" (2 Sam 1,23); „Gott ist es, der mich gegürtet mit Stärke, meine Füße macht er schnell wie die Füße der Hinde" (Ps 18,33f). Die Flucht ist nicht immer ein Zeichen von Feigheit. Wer flieht, kann möglicherweise sein Leben retten: für die nächste Schlacht. Auf gleiche Weise wechseln sich in den Schlachten der Liebe Angriff und Flucht ab. Auf den Angriff reagiert man, indem man Widerstand leistet oder zum Gegenangriff übergeht. Die Flucht fordert zur Verfolgung heraus. Die Liebenden des Hohenliedes spielen Krieg.

Er pflanzt sein Banner (2,4), und sie ist wie eine himmlische Bannerschar (6,4.10). Sie baut Mauern mit Zinnen, errichtet Bollwerke, verstärkt die Tore (8,9-10). Doch er weiß, daß Widerstand eine Form ist, um zu provozieren und herauszufordern. Wie auch die Flucht vorgetäuscht werden kann, um die

Verfolgung zu provozieren: „Ich öffnete schließlich meinem Geliebten: Doch mein Geliebter ist verschwunden, der Geliebte ist weg ... Ich habe ihn gesucht, doch ich habe ihn nicht gefunden" (5,6). Er flüchtet hin zu den Hütten der Hirten (1,8), durch die ganze Stadt (3,2; 5,7). Wird alles mit der Flucht enden?

Die Geliebte ist für diesen Krieg mit den Waffen ihrer Schönheit bewaffnet. Sie besitzt Augen, die den Feind beim Anblick verwirren (6,5) und entwaffnen. Sie verfügt über Gefängnisse mit Ketten: die Locken ihres Haares (7,6).

Der Krieg findet ein Ende mit dem Frieden. Die Stadt macht Friedensangebote und ergibt sich (8,10). Im Friedensvertrag bzw. beim Bundesschluß zwischen dem König von Israel Ahab, nach ihm Joram, und dem König von Juda, Joschafat, wird folgende Formel ausgesprochen: „Du und ich, dein Heer und meines, deine Rosse und meine, wir sind eins" (1 Kön 22,4; 2 Kön 3,7). Gibt es einen besseren Friedensvertrag, als zu sagen: „Ich gehöre meinem Geliebten, und mein Geliebter gehört mir"? Und wenn man diesen Pakt mit einem Kuß oder einer Umarmung besiegelt, dann nimmt er das Haupt der Geliebten mit seiner Linken, und die Rechte umfängt sie (2,6 und 8,3).

Ist der Friede einmal unterzeichnet, brechen auch schon neue Kriege von außen herein: die Rivalität derer, die sich in ihn verlieben (1,3). Viele möchten gerne Königin oder Hofdame dieses Königs Salomo sein (6,8). Deshalb muß er seine ausschließliche Liebe erneuern: „Sie, meine makellose Taube, ist einzig, sie allein" (6,9). Auch sie kann begehrt werden: von den Hirten bei den Schafhürden, von den Wächtern, die die Stadt durchstreifen (1,7; 5,7). Vielleicht gefährden andere Angriffe den Frieden noch mehr. Sie erscheinen harmlos und können sich doch verhängnisvoll auswirken: Unverständnis, Trennungen, leichtes Zürnen, Verdächtigungen, kleine Racheakte, Unzufriedenheit, Langeweile ... Es mag sich um Kleinigkeiten handeln, ähnlich den kleinen Füchsen. Sie sind keine wilden Tiere. Dennoch sind sie mit ihren Verwüstungen in der Lage, die reifenden und erhofften Früchte der Liebe zu vernichten (2,15). Man muß diese „kleinen Füchse" fangen und sie vom Feld verjagen.

Die Liebe muß sich vor diesen Feinden schützen. Vor allem aber vor der inneren Erschöpfung, vor einem allmählichen oder plötzlichen Erlöschen. Die Liebe ist ein Feuer, das Feuer aber kann im Kampf der Elemente ausgelöscht werden: Wasser gegen Feuer. Das Brautpaar des Hohenliedes setzt sich mit dieser Gefahr auseinander:

„Der Ozean kann die Liebe nicht löschen,
Ströme schwemmen sie nicht fort" (8,7).

Kann Wasser aus dem Brunnen, Wasser, das vom Libanon herabkommt, die Liebe löschen? – Nein! Denn es ist Wasser der Liebe und der Fruchtbarkeit.

Trotz alledem endet das Hohelied mit einer Flucht: „Laufe, mein Lieber" (8,14). Warum diese Einladung der Geliebten? Etwa weil sie aus einem Traum erwacht und nun vor den Trugbildern fliehen möchte? „Weckt die Liebe nicht, ehe es ihr selbst gefällt." Sie aber wachte, sogar im Schlaf: „Ich schlief, doch mein Herz war wach" (5,2). Fürchtet sie womöglich, sich zu übereignen, einer Macht zu unterliegen, die „stärker als der Tod" ist? Doch sie hat sich völlig übereignet: „Mein Geliebter ist mein, und ich bin sein." Vielleicht darf beständige Liebe kein abschließendes Kapitel, keinen Schlußpunkt haben. Wenn das Buch geschlossen wird, muß sie offen bleiben, um neu zu beginnen, in eine ewige Geschichte hinein. Der Geliebte muß fliehen, gleich einem Junghirsch, um dann zurückkehren zu können: „Er springt über die Berge, hüpft über die Hügel. Mein Geliebter ist wie eine Gazelle, er gleicht dem Junghirsch" (2,8-9). Der Autor scheint zu sagen: Sobald du mein Buch zu Ende gelesen hast, laß es eine Weile ruhen, dann beginne von neuem. Denn nur wenn man von neuem beginnt, dauert die Liebe, nur dann bleibt sie. Eigenartig der Weg des Mannes bei der jungen Frau!

„Lauf, mein Lieber,
werde eine Gazelle,
wie ein Junghirsch springe
über die Balsamberge" (8,14).

Leib und Geist

Die Liebe des Hohenliedes ist keine platonische Liebe von reinen Geistern, von Wesen, die sich vom Leib trennen, um sich zu reinigen. Sie ist auch nicht einfach leibliche Begierde. Die Liebe des Hohenliedes hat einen ausgeprägten Leibesrealismus, da sich im Leib der Geist offenbart. Die Genesis sprach davon, daß Mann und Frau ein Fleisch werden. In der Vereinigung des Fleisches vollzieht sich die geistige Vereinigung. Diese doppelte Vereinigung ist im Hohenlied ganz deutlich.

Der Leibesrealismus mag bei einem ersten Lesen überraschen. Die Hebräer schrecken vor der plastischen, bildlichen und bildhauerischen Darstellung des menschlichen Körpers zurück, auch wenn er bekleidet ist. Anders die Griechen. Sie besitzen eine einzigartige Kunstfertigkeit bei der Darstellung des nackten menschlichen Körpers. Die griechische Poesie hingegen beschreibt das Nackte gewöhnlich nicht. Im Gegenteil dazu findet die biblische Poesie Gefallen daran, den fast nackten Körper zu betrachten und zu beschreiben, ihren und seinen Körper.

Es ist eine freudige Beschreibung, frei von Schlechtigkeit. Wie aus einer paradiesischen Zeit, bevor es die Sünde gab, als Adam und Eva „nackt waren, sich aber nicht voreinander schämten" (Gen 2,25). Die Liebe verlangt danach, die ursprüngliche Unschuld wiederzuerlangen.

In 4,1-5 gleitet sein Blick an ihr herunter: Augen, Haar, Zähne, Lippen, Schläfe, Hals, Brust; hier hält er an. Dann führt er den „Myrrhenberg" ein (4,6). In 5,10-16 beschreibt sie den Geliebten, auch hier in einer Abwärtsbewegung: Haupt, Locken, Augen, Wangen, Lippen, Finger, Leib, Schenkel; danach fügt sie noch eine Gesamtschau an. In 7,1-6 beschreiben die Zuschauer die Tänzerin, ausgehend von den Füßen bis zu den Hüften, dann Nabel, Leib, Brüste, Hals, Augen, Nase, Haar.

Die Betrachtung ist ein Moment der Liebe. Nur eine beherrschte Ausgeglichenheit läßt sie überhaupt zu. Wen heftige Unruhe befällt, hat nicht den Frieden für die Betrachtung. Die Beschreibungen des Nackten im Hohenlied möchten diesen bezaubernden Augenblick festhalten, das Staunen in Worte kleiden. Adam konnte nicht umhin, begeistert auszurufen: „Das endlich ist Bein von meinem Bein und Fleisch von meinem Fleisch" (Gen 2,23). Die Verliebten des Hohenliedes bemühen die Gestalten der schönsten Lebewesen, die sie kennen, um auszudrücken, was sie beim Anblick des anderen empfinden. Es ist keine realistische Beschreibung, sondern eine dichterische Verklärung der Körper. Deshalb kann ein großer Prediger des 17. Jahrhunderts, der Dominikaner Alonso de Cabrera, in seiner Predigt über die Auferstehung Christi den Engeln einige Verse des Hohenliedes zur Ehre des verklärten Leibes des Herrn in den Mund legen.

Auch wenn der Körper breiten Raum einnimmt und der unmittelbare Ausdruck von Gefühlen sich in Grenzen hält, ist das Entscheidende in unserem Text doch der Geist. Deutliches Zeichen dafür sind die Personalpronomina: er und sie, du und ich, sowie die Possessivpronomina, die gegenseitige Zugehörigkeit anzeigen: ihr, mein. Bis zum entscheidenden Satz: „Ich gehöre meinem Geliebten, und mein Geliebter gehört mir."

Aperi mi, soror mea,
quia caput meum plenum est rore (5,2).
Pessulum hostii mei aperiam dilecto meo.
Exspoliavi me tunica (5,6.3).

Mach auf, meine Schwester,
mein Kopf ist voll Tau.
Mit dem Griff des Riegels öffnete ich meinem Geliebten.
Mein Kleid habe ich schon abgelegt.

Das Hohelied zieht nur selten anekdotenhafte Elemente heran: die Entwürfe der beiden Nachtszenen, die Ankunft Salomos in der Sänfte. Fast an keiner Stelle finden sich psychologisierende Elemente. Das Hohelied ist vielmehr auf zwei Personen ausgerichtet, die beinahe die ganze Szenerie ausfüllen, und läßt das Umfeld beiseite. Sie haben keine Namen, sie sind er und sie. Wenn sie Salomo und Schulammit genannt werden, so weiß man, daß man es mit dichterischer Erfindung zu tun hat. Das Persönliche beherrscht dieses Canticum, das so sehr die Leiblichkeit betont. Die Liebe ist die vereinigende Beziehung zweier Personen.

Mutter

Warum spricht das Hohelied nicht von der Hoffnung auf Nachkommen? Als wäre das Verkosten der Frucht der Liebe der letzte Akt und nicht vielmehr der Beginn eines neuen Lebensprozesses. Ist die größtmögliche Verschmelzung zweier Körper oder zweier Seelen der letzte Liebesakt? Oder werden die beiden jenseits der Vereinigung ein Fleisch in ihrem gemeinsamen Kind?

Die Braut sagt zum Mann: dein Kind; der Mann sagt zur Braut: dein Kind. Nie ist ein gemeinsamer Besitz so eins. Besitzen ist unter den Menschen der Anfang von Trennung und Spaltung: mein, dein. Sie schließen sich aus, bestenfalls ergänzen sie sich. Wie viele Risse und Verletzungen rühren von diesen grammatikalischen Besitzwörtern her! Ohne es zu wollen, drücken sie die entsetzliche Gier des Menschen nach Besitz aus. Abraham muß sich von seinem Neffen Lot trennen, weil für seinen Besitz nicht genügend Land zur Verfügung stand.

Die Liebe ist Geschenk: „Mein Geliebter ist mein, und ich bin sein", sie ist Gemeinschaft in allem, sie lebt vom Miteinander-Teilen. Nichts wird von beiden so geteilt wie das gemeinsame Kind. Vielleicht ist teilen nicht das treffende Wort. Denn Teilen schließt das Aufteilen (im Sinne von entzweien) mit ein, und dieses Teilen ruft uns die Erzählung von den beiden Frauen ins Gedächtnis, die sich vor Salomo das Eigentums- und Besitzrecht auf den Sohn streitig machen. „Diese sagt:

Mein Kind lebt und dein Kind ist tot! Und jene sagt: Nein, dein Kind ist tot und mein Kind lebt" (1 Kön 3,23). Man teilt kein Kind, es stammt ungeteilt von beiden Eltern ab. Es ist nicht nur Frucht einer Annäherung zweier in der Liebe, es mündet nicht nur in die Vereinigung ein und endet dort. Allein durch seine Gegenwart bringt es die beiden vielmehr dazu, sich neu zu einigen. Denn das Kind von beiden trennt sie nicht; im Gegenteil: Es setzt die Vereinigung und Einheit fort und weitet ihre Möglichkeiten des Kontaktes und der Begegnung aus. Das Kind ist die ständige, fortdauernde Vereinigung der beiden. Sie: „Dein Kind!" – Er: „Dein Kind!"

Dein und mein – oft Ergebnis von Geben und Nehmen, von Kaufen und Ersteigern. Wie spricht die Bibel davon? Rachel sagt zu Jakob: „Verschaff mir Söhne; sonst sterbe ich." Jakob antwortet voll Zorn: „Nehme ich etwa die Stelle Gottes ein, der dir die Leibesfrucht versagt?" (Gen 30,1 f). Der Erzähler kann sagen, die Braut habe dem Manne einen Sohn geboren, doch in der Bibel heißt es mehrmals, der Sohn sei ein Geschenk Gottes (vgl. Gen 30,6; 1 Kön 3,6; 5,21; 1 Chr 25,5; Jes 9,5). Das Kind ist das Geschenk, das sich beide gegenseitig geben können, ohne daß jemand den Vorrang hätte oder ausgeschlossen wäre. Der Bräutigam macht der Braut zum Hochzeitstag ein Geschenk, auch später am Jahrestag der Hochzeit. Sie macht dem Bräutigam ein Geschenk. Das Geschenk kann einseitig sein oder gegenseitig.

Ganz anders, wenn es um das Kind geht: Jeder gibt es dem anderen ganz und auf gleiche Weise. Und Gott tritt in die Mitte. Denn wie die Liebe ist auch ihre Frucht, das Kind, Geschenk. Bei einer flüchtigen Lektüre hat es den Anschein, als spräche das Hohelied darüber nicht, und doch gibt es versteckte Anspielungen: die Tierwelt mit großen, fruchtbaren Herden, die Schafe, denen es nicht an Nachwuchs fehlt (in 4,2 heißt es, keines sei kinderlos, auf hebräisch *šakulâ*). Noch wichtiger aber ist die wiederholte Gegenwart ihrer und seiner Mutter. Am Tag der Hochzeit krönt ihn die Mutter (3,11). Die Geliebte möchte ihn mitnehmen und in die Kammer ihrer Mutter bringen (3,4; 8,2). Sie ist „die Einzige ihrer Mutter, sie allein" (6,9). Und gegen Ende des Buches heißt es:

„Unter dem Apfelbaum hab ich dich geweckt,
dort, wo deine Mutter dich empfing,
wo deine Gebärerin in Wehen lag" (8,5).

Die Geliebte ist Tochter ihrer Mutter, einzigartig als Tochter (auch wenn sie Geschwister hat, ist doch jede Tochter einzigartig). Sie ist die Frucht einer Liebe, des Geheimnisses, das sich unter einem Apfelbaum verzehrte. Die Natur, der Baum, der in voller Blüte steht, die Erinnerung an das Empfangen und Gebären, all das verleiht dem Baum fast den Hauch des Priesterlichen. Die Geliebte ist gegenwärtige Zeugin einer vergangenen Liebe, ist Glied einer Kette, die nicht abbrechen wird. Denn die Liebe, die sie empfing, ist dieselbe, die jetzt die beiden „Jungen" entflammt und vereinigt. Wenn die Liebe „stark wie der Tod" ist (8,6), ist sie es vor allem für das Leben. Eines Tages wird auch sie Mutter einer anderen „sie" sein, eines anderen „er", vereint mit anderen Müttern, und es wird sich das Geheimnis wiederholen, das immer vielfältig und einzigartig ist, immer gleich und doch verschieden: das Geheimnis der fruchtbaren Liebe.

„Ich habe dich geweckt." Wie viele Dinge schlafen, weil sie noch nicht erwacht sind. Von der Liebe getroffen werden ist wie ein unerwartetes Aufwachen vieler Dinge, die im Schlaf den zauberhaften Kuß erwarten, den entzündenden Blick, den feurigen Pfeil, die Flamme des Herzens: der Weg des

Mannes bei der jungen Frau. Unter dem Apfelbaum, der in Liebe erblüht, ruht eine fruchtbare Lebenskraft, die geweckt werden will.

Jenseits der Liebe?

Nimmt man den Zauber dieser Poesie wahr, so stellt sich die Frage: Ist die Liebe nicht vielleicht ein verzauberter Ort, zu dem zwei junge Menschen gemeinsam geladen sind? Plötzlich befinden sie sich dort, ohne zu wissen, wie sie dorthin gelangt sind. Ist es ein behütetes Paradies, wo die beiden jungen Menschen wie das erste Menschenpaar leben? Ist es ein Paradies aus Vergnügen und Arbeit, in dem die Gefahren nicht fehlen, ein Paradies, aus dem sie für immer vertrieben werden können? Ist etwa die Liebe dieser Ort und nicht so sehr die Zuneigung zwischen zwei Menschen?

Vielleicht ist die Liebe – wie schon gesagt – eine kosmische Kraft, die zwei wehrlose Menschen überkommt. Treten sie in den Energiestrom ein, verwandeln sie sich, beginnen zu leuchten. Sie enthüllen sich gegenseitig und können nicht mehr voneinander lassen.

Die Liebe des Hohenliedes zeigt sich gelegentlich als etwas, was darüber hinausgeht. Im Reich des Lichtes erscheinen die Gestirne, in der Dunkelheit tun sich Abgründe auf, und die Spannung zwischen den beiden Extremen löst sich nicht; es erscheint ein bewaldeter und schneebedeckter Bergrücken, man sieht Bäume, die nicht von Menschen gepflanzt sind, Wasser, die der Himmel ausgießt; Bilder, Harmonien und Düfte häufen sich in verschwenderischer Fülle. Dies alles verleiht der Liebe des Hohenliedes zumindest einen Hauch von Transzendenz, taucht sie ein in eine Atmosphäre des Jenseits.

Durch Liebe und in der Liebe übersteigt der Mensch sich selbst. Ist die Liebe ein schwacher Schein einer anderen, noch größeren Wirklichkeit? Aber gibt es noch etwas Größeres als die Liebe?

Jenseits der Liebe

Wenn Gott Liebe ist, wie Johannes sagt, kann dann jemand oder etwas jenseits der Liebe sein? Nun, Gott bedient sich menschlicher Liebe, um seine Liebe zu offenbaren, sie wird ihr Sinnbild. Besonders in ihrer dramatischen Dimension.

Im Alten Testament verkörpert häufig die Braut die Hauptstadt und das Volk, während Gott als Bräutigam dargestellt wird. Das ist zunächst eine poetische Personifizierung: Die schöne Stadt ist ein junges Mädchen, die fruchtbare und gastfreundliche Stadt ist eine Mutter. Der Herr vermählt sich mit ihr und fordert von ihr Liebe und Treue. Von Hosea bis Baruch, über Jesaja, Jeremia und Ezechiel findet man dieses grundlegende Schema, in dem oft eine Geschichte von Liebe, Untreue und Versöhnung entfaltet wird.

Hosea spricht von einer Liebe, die trotz aller Widrigkeiten Bestand hat. Er erzählt von einem verliebten und verratenen Bräutigam, der aufhören möchte zu lieben, um nicht mehr leiden zu müssen, doch es gelingt ihm nicht. Er kehrt zurück, wirbt neu um die untreue Frau, um sie wieder zu gewinnen und zur Treue zu bewegen. Jesaja erzählt von einer einst treuen Stadt, die ehebrecherisch wurde; unter Schmerzen wird sie geläutert, und schließlich findet sie zur Treue zurück: „Man wird dich treue Stadt nennen" (vgl. Jes 1,21-26).

Im Liebeslied Jesaja 5,1-7 spielt der Weinberg die Schlüsselrolle: Der Weinbauer hat viel für ihn getan, doch er trägt nur saure Trauben. Jeremia bringt das Thema einer leiblichen, fast animalischen Liebe in eine großangelegte Bußliturgie ein (Jer 2-3). Ezechiel erzählt eine lange Geschichte von Liebe und Verweigerung der Liebe, von Untreue und Bekehrung (Ez 16). Der Exilsprophet, der sein Lied in das Buch Jesaja einfügt, besingt die Treulosigkeit, die zeitweilige Abkehr, die bleibende Liebe, die großmütige Versöhnung (Jes 49 und 54). Andere Autoren preisen die Fruchtbarkeit der Mutter in einer ergreifenden Familienszene (Jes 66,7-14).

Besondere Aufmerksamkeit verdient Jes 62: Der Text spricht von der Hochzeit eines siegreichen Königs mit der schönen und verlassenen Stadt. Das Gedicht enthält einige kühne Verse:

„Wie der junge Mann sich mit der jungen Frau vermählt,
so vermählt sich mit dir dein Erbauer.
Wie der Bräutigam sich freut über die Braut,
so freut sich dein Gott über dich."
(Jes 62,5)

Es heißt nicht, daß der Mensch seine Freude in Gott findet, sondern daß Gott seine Freude am Menschen findet – wie ein Bräutigam an der Braut. Der Verfasser dieser Zeilen bedarf der menschlichen Liebe, um von der göttlichen zu sprechen. Welch ein Wunder ist doch die eheliche Liebe, die geschaffen ist, um Gott zu offenbaren, um mit einer erstaunlichen Klarheit die geheimnisvolle Wirklichkeit von Gott, der Liebe, zu zeigen. Es gibt etwas jenseits der menschlichen Liebe: die göttliche Liebe. Dazu sind die Eheleute berufen: zu zeigen, daß die Liebe Gottes wirklich ist. Der Weg des Mannes bei der jungen Frau.

Warum eine solche Bestimmung? Warum vermag die eheliche Liebe Gott widerzuspiegeln und zu offenbaren? Weil sie in tausend Schattierungen Abglanz einer strahlenden Mitte ist, weil sie ein Abbild und Gleichnis Gottes ist, die Leuchtspur eines Geheimnisses: „der Weg Gottes in der Menschheit".

Gott ist einzig, aber er ist nicht allein. Die christliche Offenbarung spricht von einer Gemeinschaft von drei Personen, in der alles Ganzhingabe ist, so sehr, daß sie eine einzige Gottheit bilden. Es übersteigt den Verstand. Aber vielleicht läßt uns die menschliche Liebe, die aus zweien eins macht, etwas davon erahnen.

Liebe und Opfer

Warum spricht das Hohelied nicht vom Opfer aus Liebe? Wenn es keine größere Liebe gibt, als das Leben für den Geliebten hinzugeben, könnte man sich in den Texten über die Liebe einige Gedichte oder wenigstens einen Hinweis zu diesem Thema erwarten. Ausdrücklich finde ich im Hohenlied nichts davon. Ich muß danach suchen, muß es ausfindig machen in den schmerzhaften Augenblicken: vor allem in der sehnsüchtigen und zeitweise vergeblichen Suche der Geliebten, und auch in den Mißhandlungen, die sie erleiden muß. Vielleicht auch dort, wo der Geliebte den Schlaf der Geliebten nicht stört und sie nicht weckt, ehe es ihr gefällt. Und ist es nicht eine verdeckte Anspielung auf das Opfer, wenn die beiden die Liebe mit dem Tod vergleichen? Die Nähe und Verwandtschaft der Liebe mit dem Tod möchte ich mit einem geöffneten Fenster vergleichen, das auf das Opfer hin offen ist. Wenn es so wäre, dann besäße der Text eine tiefe Doppeldeutigkeit, und es wäre dem Scharfsinn des Lesers aufgegeben, diese zu entschlüsseln.

In den Texten des Alten Testaments, die ich angeführt habe, stellt sich Gott als jemand dar, der auf die eigenen Rechte verzichtet, um die Versöhnung mit der treulosen Braut herbeizuführen und sie zu vollziehen. In Hosea 2 erscheint Gott fast wie ein Bettler, der nach Liebe sucht. Er opfert seine verletzte Würde und hört nicht auf nachzugeben, bis er erneut Hochzeit feiern kann, auf der Grundlage von

„Gerechtigkeit und Recht, von Liebe und Erbarmen" (Hos 2,21). In den menschlichen Streitigkeiten unterliegt der Schwächere; im Reich der Liebe gibt die stärkere Seite nach. Gott ist unschuldig in seinen liebenden Beziehungen mit dem Volk. Er vergibt und nimmt erneut an:

„Einen Augenblick nur verbarg ich
vor dir mein Gesicht in aufwallendem Zorn;
aber mit ewiger Huld habe ich Erbarmen mit dir,
spricht dein Erlöser, der Herr" (Jes 54,8).

„Mit ewiger Liebe habe ich dich geliebt,
darum habe ich dir solange die Treue bewahrt" (Jer 31,3).

Das Neue Testament führt das Thema des Opfers aus Liebe ausdrücklich ein und bringt die Symbolik der Ehe zur Vollendung. Das neue Brautpaar sind Jesus, der Messias, und die Kirche.
Beginnen wir mit dem klassischem Text aus dem Brief an die Epheser:

„Der Mann ist das Haupt der Frau, wie auch Christus das Haupt der Kirche ist; er hat sie gerettet, denn sie ist sein Leib. . . . Ihr Männer, liebt eure Frauen, wie Christus die Kirche geliebt und sich für sie hingegeben hat, um sie im Wasser und durch das Wort rein und heilig zu machen. So will er die Kirche herrlich vor sich erscheinen lassen, ohne Flecken, Falten oder andere Fehler; heilig soll sie sein und makellos. Darum sind die Männer verpflichtet, ihre Frauen so zu lieben wie ihren eigenen Leib. Wer seine Frau liebt, liebt sich selbst. Keiner hat je seinen eigenen Leib gehaßt, sondern er nährt und pflegt ihn, wie auch Christus die Kirche. Denn wir sind Glieder eines Leibes. Darum wird der Mann Vater und Mutter verlassen und sich an seine Frau binden, und die zwei werden ein Fleisch sein. Dies ist ein tiefes Geheimnis; ich beziehe es auf Christus und die Kirche" (Eph 5,23-32).

Damals war es üblich, daß jemand die Braut aus dem Vaterhaus führte und in das Haus des Bräutigams brachte: man nannte ihn Ehevermittler. In Gen 2 kommt Gott selber dieser Aufgabe nach, indem er Eva zu Adam führt. Bei Paulus stellt der Messias die Kirche sich selbst vor. Zu diesem Anlaß will er sie schön und leuchtend haben, reingewaschen und verwandelt. Der Messias hat sie mit seinem Opfer geworben: „Er hat sich für sie hingegeben." Er wird ihr Nahrung geben, Wärme und liebevolle Zärtlichkeit. Die menschliche, die eheliche Liebe wird in ihrer ursprünglichen Art zum Symbol für das Geheimnis der Liebe Christi zu seiner Kirche.

Paulus stellt sich seiner Kirche als „Ehevermittler" zur Verfügung und nimmt die Eifersucht Gottes auf sich:

„Denn ich liebe euch mit der Eifersucht Gottes; ich habe euch einem einzigen Mann verlobt, um euch als reine Jungfrau zu Christus zu führen. Ich fürchte aber, wie die Schlange einst durch ihre Falschheit Eva täuschte, könntet auch ihr in euren Gedanken von der aufrichtigen und reinen Hingabe an Christus abkommen" (2 Kor 11,2f).

Neben diesen grundlegenden Texten enthält das Neue Testament noch weitere Anspielungen auf das Thema. Einige Texte greifen zu einem literarischen Hilfsmittel: Sie erzählen eine Szene mit den Worten oder nach dem Schema anderer Stellen, die dem Leser schon bekannt sind. Johannes tut dies in zwei wichtigen Abschnitten, die miteinander verbunden sind:

Die erste Szene ist die Salbung in Bethanien (Joh 12,1-11).

Maria tritt heran, um Jesus zu salben. Der Erzähler häuft hier eine Reihe von Begriffen aus dem Hohenlied an: Narde und Myrrhe, sich verströmender Duft, Haare, das Niederbeugen. Daran schließt sich die Frage des Judas nach den Kosten für das Nardenöl an: eine wirtschaftliche Kalkulation, die sich in den Ausdruck der Liebe einschalten will. Maria von Bethanien nimmt in dieser Erzählung eine ganz bestimmte Rolle ein: Sie ist die verliebte Braut des Hohenliedes, die den Bräutigam, den Messias, aufnimmt und mit Aufmerksamkeiten überhäuft. In diesem Zusammenhang bezieht sich Jesus ausdrücklich auf sein Begräbnis, das das Opfer miteinschließt. Wenn das duftende Öl Zeichen dankbarer Liebe ist, bleibt es dem Augenblick vorbehalten, in dem die Liebe als Ganzhingabe, als Opfer den Sieg davongetragen hat.

Die zweite Szene spielt sich am Morgen des Ostersonntags, am ersten Tag der neuen Schöpfung ab, in einem Garten, zwischen einem Brautpaar. Diesmal wiederholt der Erzähler nicht die Worte des Hohenliedes, sondern greift auf das Schema Abwesenheit, Suche und Begegnung aus dem Hohenlied zurück (3,1-5; 5,7f). Das Grab ist in der Nähe, ein Zeichen für das Opfer; ein sterbliches Leben hat sich für immer entfernt. Die Liebe bis zur Selbsthingabe eröffnet eine neue Ära, und mit der Liebe triumphiert das Leben. Maria möchte Jesus dabehalten, sie will ihn nicht gehen lassen, ihn vielleicht ins Haus ihrer Mutter bringen (vgl. Hld 3,4; 8,2). Er trennt sich von ihr, denn er muß in das Haus seines Vaters zurückkehren (Joh 21).

Johannes der Täufer verwendet ein bekanntes Ehemotiv, wenn er seine eigene Funktion gegenüber Jesus, dem Messias, beschreibt: „die freudige Stimme, die Stimme des Bräutigams" (Joh 3,29). Und er erklärt: „Wer die Braut hat, ist der Bräutigam." Es ist eine Art und Weise zu beteuern, daß Jesus der messianische Bräutigam ist.

Neue Deutung des Hohenliedes

Gott schuf die menschliche Liebe, besonders die eheliche Liebe, nach seinem Bild und Gleichnis, denn „Gott ist die Liebe". Gott benützt die Ausdrucksweisen der menschlichen, besonders der ehelichen Liebe, um das Geheimnis seiner Liebe zu den Menschen und das Geheimnis der Dreieinigkeit etwas verständlich zu machen. Wo es menschliche Liebe gibt, da offenbart sich Gottes liebende Beziehung zu den Menschen. Auf eigene Weise auch dort, wo diese Liebe sich in dichterischer Form ausdrückt.

Das biblische Buch der Liebe kann vom Leser in doppelter Weise entschlüsselt werden: Entweder man liest es auf zwei Ebenen oder als einen Kontrapunkt von Stimmen. Eine Melodie besingt die Liebe, seine und ihre Liebe, ein verschlüsselter Baß besingt die Liebe Gottes und die des Menschen. Es ist eine Frage der Deutung, nicht so sehr die Frage nach der Absicht des Autors; denn der Dichter hat sich nicht festgelegt. An viele Stellen der Gedichte kann der Leser herantreten, um über die rein menschliche Liebe hinauszusehen: „Er schaut durch das Fenster, äugt durch das Gitter" (2,9). Die Leiblichkeit ist Gewähr für den Realismus der menschlichen Liebe; die eindringliche und tiefe Erfahrung der Liebe und ihre Ausdrucksformen wandeln den Realismus in ein Sinnbild: „Der Weg des Mannes bei der jungen Frau".

Das Neue Testament gibt den Schlüssel, wenn die Apokalypse die geschichtliche und endzeitliche Hochzeit feiert. Der

Osculetur me osculo oris sui,
quia meliora sunt ubera tua vino (1, 2).

Veni in ortum meum, soror mea, sponsa,
messui myrrham meam cum aromatibus meis (5, 1).

Mit Küssen seines Mundes bedecke er mich.
Süßer als Wein ist deine Liebe.

Ich komme in meinen Garten, Schwester Braut;
ich pflücke meine Myrrhe, den Balsam.

Messias ist der Bräutigam, „das Lamm" ist sein Name: eine klare Anspielung auf das Opfer. *Sie* ist die Kirche:

„König geworden ist der Herr, unser Gott,
der Herrscher über die ganze Schöpfung.
Wir wollen uns freuen und jubeln
und ihm die Ehre erweisen.
Denn gekommen ist die Hochzeit des Lammes,
und seine Frau hat sich bereit gemacht.
Sie durfte sich kleiden in strahlend reines Leinen . . .
Selig, wer zum Hochzeitsmahl des Lammes geladen ist."
(Offb 19,6-9)

Später vernimmt der Seher eine Einladung:

„Komm, ich will dir die Braut zeigen,
die Frau des Lammes . . .
Er zeigte mir die heilige Stadt Jerusalem,
wie sie von Gott her aus dem Himmel herabkam,
erfüllt von der Herrlichkeit Gottes."
(Offb 21,9f)

In der Betrachtung läßt sich eine Reihe von Sinnbildern erkennen. Gottvater hat sich die Braut erwählt und sie bereit gemacht für seinen Sohn, das geopferte Lamm, den Messias. Das Buch der Apokalypse und damit die ganze Bibel schließt mit einem nüchternen Dialog:

„Der Geist und die Braut aber sagen: Komm!
Wer hört, der rufe: Komm! . . .
Er, der dies bezeugt, spricht: Ja, ich komme bald! –
Amen. Komm, Herr Jesus!"
(Offb 22,17-20)

Die Braut „Kirche", bewegt von der Liebe, die der Geist eingibt, bittet den Bräutigam zu kommen (erinnern wir uns an die Einladungen des Hohenliedes). Der Bräutigam, das Lamm, das Zeuge und Bürge aller Worte des Buches ist, sichert die baldige Ankunft zu. Und alle wiederholen die Bitte und rufen dieses letzte Mal den Bräutigam bei seinem Namen und mit seinem Titel: Herr Jesus.

Ausgehend von diesem und ähnlichen Texten hat die christliche Überlieferung, wie sie in der Liturgie und in der Exegese zum Ausdruck kommt, das Hohelied durch die Jahrhunderte hindurch auf die Kirche gedeutet.

Eine gemeinschaftliche Deutung sieht in der Braut die kirchliche Gemeinschaft. Eine individuelle Übertragung setzt die Braut mit der Seele eines jeden Christen gleich. Diese Interpretationen erreichen ihren Höhepunkt im 12.Jahrhundert, in dem eine Fülle von Kommentaren verfaßt wurde. Die christlichen Kommentatoren, die fast immer Mönche waren, wußten den menschlichen Realismus des biblischen Liedes nicht immer zu schätzen. Statt es als Sinnbild zu verstehen, verwandelten sie es in geistige Allegorie, zu einem leblosen Bild. Oder sie zerstückelten das Lied in einzelne Szenen, in denen jedes Detail spiritualisierend gedeutet wurde. Das ist nicht der richtige Weg.

Für das Hohelied als ganzes gibt es eine umfangreiche Liste von Interpretationsschlüsseln:

– Der Sohn Gottes vermählt sich mit der menschlichen Natur im Schoß (= Ehegemach) der Jungfrau Maria.

– Der Messias vermählt sich mit der Kirche, die am Kreuz aus seiner geöffneten Seite hervorströmt, wie Eva aus der Seite Adams.

– Maria als Modell der Kirche, liebevoll und treu.

– Das gleiche wird auf die Ortskirche angewandt.

– Der Bischof, Stellvertreter Christi, ist der Bräutigam seiner Kirche oder Diözese.
– Der Messias ist der Bräutigam der Seele des Christen, die Glied der Kirche ist.
– Der Messias ist in besonderer Weise der Bräutigam der Menschen, die sich Gott geweiht haben.

INHALT

Vorwort 5

DAS HOHELIED 9

Lobpreis der Liebe 11
Weingarten und Hirte 12
Meine Blüten verströmten ihren Duft 14
Zeichen der Liebe 16
Frühling 18
Die Füchse 20
Suche und Begegnung 22
Hochzeitszug 24
So ist meine Geliebte 26
Komm! 28
Garten 30
Bei Nacht: 33
1. Suche 36
2. So ist mein Geliebter 38
3. Begegnung 40
Sie – einzig und allein 42
Tanz 44
Begegnung 46
Umarmung 48
Erwachen 50
Liebe und Tod 51

Friedensangebote 52
Mein Weinberg 53
Abschied 54

KOMMENTAR 55

Der Weg des Mannes 57
Das Geheimnis des Wassers 60
Das Geheimnis des Feuers 64
Schönheit 66
Leuchtend wie Licht 69
Gefährdete Schönheit 75
Geruch und Geschmack 80
Hirte, Weinbauer und König 83
Landschaft 89
Orte der Liebe 92
Unzugänglich und nahe 96
Tanz 99
Zauber und Schrecken 104
Krieg und Frieden 107
Leib und Geist 111
Mutter 115
Jenseits der Liebe? 119
Jenseits der Liebe 121
Liebe und Opfer 124
Neue Deutung des Hohenliedes 128

Weitere Bücher aus der Reihe „Saatkörner“:

Hans Wallhof (Hrsg.)
EINANDER GESCHENKT
Gedanken zur Freundschaft
96 Seiten, gebunden
ISBN 3-87996-264-2

Ein Geschenkbuch für Freunde.
Eine kostbare Sammlung von Weisheiten, Erfahrungen, Briefen und Zeugnissen. Menschen aus zwei Jahrtausenden sprechen über das große Geheimnis des Lebens, das Freundschaft heißt. „Wer einem Freund begegnet, wird verwandelt. Er wird bereichert um das Spiegelbild seines geliebten Du. Er geht als ein anderer seine Wege und bewegt immer den belebenden Strom der Träume.“ (Hans Wallhof)

FÜR JEDEN TAG
Gedanken von Mutter Teresa
184 Seiten, gebunden
ISBN 3-87996-257-X

Mutter Teresa ist nicht Schriftstellerin, sondern Zeuge. Daher glaubt man ihren Worten. Sie dringen durch die Wand des Denkens und Wissens ins Innere des Menschen, öffnen den Blick für den Nächsten und lösen eine heilsame Unruhe aus. 366 solcher Worte, Beispiele und Gebete wurden von Bruder Angelo Devananda, dem Mitbegründer eines männliches Zweiges der Gemeinschaft von Mutter Teresa, in diesem Buch zusammengestellt und den einzelnen Tagen des Jahres zugeordnet. Verschiedene Register (Schriftstellen-, Personen-, Sachregister) machen das Buch zu einem wertvollen Nachschlagewerk.

VERLAG NEUE STADT MÜNCHEN ZÜRICH WIEN

Wolfgang Bader (Hrsg.)
GEDANKEN ZUM ADVENT
64 Seiten, gebunden
Mit 8 farbigen Abbildungen
ISBN 3-87996-245-6

Ein Geschenkbuch für die Adventszeit. Meditative Texte, kurze Gedanken und Gebete für den 1. bis 24. Dezember: ein „Adventskalender für Erwachsene", der zu einem bewußten Erleben der Tage vor Weihnachten einlädt.

Mit Texten von Karl Barth, Kardinal Alfred Bengsch, Werenfried van Straaten, Klaus Hemmerle, Frère Roger, Mutter Teresa, Chiara Lubich u. a.
Im Anhang werden das Wort Advent, die Entstehung der Adventszeit und einige Adventsbräuche erklärt. Das Buch ist durchgehend zweifarbig gestaltet und illustriert von der Freiburger Künstlerin Annemarie Baumgarten.

Wolfgang Bader (Hrsg.)
VON PALMSONNTAG BIS OSTERN
Gedanken zur Karwoche
72 Seiten, gebunden
Mit 10 farbigen Abbildungen
ISBN 3-87996-250-2

Ein ansprechend gestaltetes Geschenkbändchen mit meditativen Texten, Gebeten und Einführungen zum Verständnis der Liturgie und des Brauchtums. Eine Hilfe, die Tage vom Palmsonntag bis Ostern, die den Höhepunkt des Kirchenjahres bilden, bewußt mitzuerleben.
„Mit seinen sorgfältig ausgewählten Texten kann dieses Büchlein gute Anregungen vermitteln für einen bewußten Mitvollzug der Karwoche."
Klerusblatt

VERLAG NEUE STADT MÜNCHEN ZÜRICH WIEN